美國漢學家眼中的中美日

美國漢學家眼中的中美日
對話傅高義

傅高義　加藤嘉一

香港城市大學出版社
City University of Hong Kong Press

本書相片由作者提供：

傅高義：p. 36–37, p. 43–45, p. 51, p. 61, p. 109–110, p.165

加藤嘉一：p.126, p. 129, p.182–183

國際統一書號：978-962-937-575-1

出版

　　香港城市大學出版社
　　香港九龍達之路
　　香港城市大學
　　網址：www.cityu.edu.hk/upress
　　電郵：upress@cityu.edu.hk

©2021 City University of Hong Kong

**A Sinologist Speaks: Ezra Vogel on Relations between China, Japan,
and the United States**
(in traditional Chinese characters)

ISBN: 978-962-937-575-1

First published 2021
Second printing 2022

Published by
　　City University of Hong Kong Press
　　Tat Chee Avenue
　　Kowloon, Hong Kong
　　Website: www.cityu.edu.hk/upress
　　E-mail: upress@cityu.edu.hk

Printed in Hong Kong

目錄

序言

　　這本與加藤嘉一（Kato Yoshikazu）對談的中文版能夠出版，我感到高興和榮幸。加藤比我小兩代，但我們共同關心和討論中國和日本。加藤在日本生長，但他在日本高中畢業以後決定去中國，在北京大學念書。在這段求學期間，他認識了一位出色的日本外交官，渡邊幸治（Watanabe Koji）。渡邊覺得加藤是一個與別不同的人，可以促進日本與中國之間的相互理解，就有意培養他關於外交方面的知識和經驗。所有曾經在中國電視台出現的日本人當中，恐怕加藤的知名度是數一數二的了。

　　加藤後來認識到，為了理解日本與中國之間的問題，需要更多地瞭解美國。於是，他在哈佛花了兩年的時間，我也在美國如何處理日本、中國的關係等問題上給他進行指導。加藤接着去了華盛頓，在那期間積極跟不同的智庫學者討論美國和亞洲的問題。

　　加藤知道我跟日本和中國的學者之間建立了深厚的友誼，也在日本和中國分別出版過暢銷書——《日本名列第一》（*Japan As Number One*）和《鄧小平時代》（*Deng Xiaoping and the Transformation of China*），因而對我的個人研究經歷表示興趣。他付出了一定的時間和精力閱讀有關於我日本和中國的書籍，對我了解多了。他也知道我最新出版的專著《中國和日本——1500 年的交流史》，此書至今已經出版了英文版、日本版和中文版。

　　正因為加藤對中國和日本有很深入的了解，花了很長的時間閱讀我的著作，所以我也就我的研究經歷、我對中國和日本的看法和跟加藤的對談，匯集在這本書內。我們出版過對談的日文版，現在能夠面向中文讀者，讓加藤和我能夠為中國、日本和美國提供一些看法，我很高興。加藤和我都在中國有很多朋友，希望中國取得成功，也希望中國、日本、美國之間建立更好的橋樑和互信。

傅高義

哈佛大學亨利・福特二世社會學榮休教授

2020 年 3 月

第一章

我的研究之路

從哈佛社會學到走進日本家庭

加藤：　您在哈佛大學取得社會學博士學位後，於 1958 年第一次
　　　　前往日本，並在當地逗留了兩年。您能否説一下，當時
　　　　作為年輕、新鋭的學者，是什麼原因選擇到日本呢？

傅高義：哈佛當時有一個學院叫 Social Relations（社會關係）。這
　　　　個學院由社會學、社會心理學、社會人類學組成，算是
　　　　一個比較特別的學院。當時由社會學系的教授塔爾科特·
　　　　帕森斯（Talcott Parsons）負責領導及管理我們整個學院，
　　　　他是一名社會學家，也是當年在美國研究馬克斯·韋
　　　　伯（Max Weber）最好的學者，甚至可以説是韋伯的接班
　　　　人。我修讀的課程由心理學學者及社會學學者所教授，
　　　　當中包括帕森斯全面闡述社會學的課堂。

　　　　我的博士論文是研究美國家庭和精神病患者之間的關
　　　　係。進行研究時，有一位教授認為我並不了解外國的情
　　　　況，他主張要真正了解自己的社會，必先了解外國社
　　　　會，因此建議我到海外進行相關訪問。我的妻子也同
　　　　意。而另一位教授認為歐洲和美國社會很相似，認為我
　　　　應該選擇不同的城市作研究，但非洲、印度等國家在當
　　　　時相對較落後，難以用作比較。因此我最終選擇了比較
　　　　先進和現代化，但文化與美國較不同的國家，日本。

　　　　我出發前對日本並沒有什麼興趣，更談不上喜歡，到了
　　　　日本以後，才慢慢對當地產生了感情。我知道有些美國
　　　　人是因為喜歡日本文化才研究日本的，我卻不是。1958
　　　　年，我取得獎學金前往日本，主要研究及比較日本和
　　　　美國的家庭與精神病患者之間的關係。我在日本的第一
　　　　年學習日語，第二年進行調查研究。學習一個國家的語
　　　　言，了解一個社會的文化是需要時間的，即使我學了一
　　　　年日語，程度還是勉勉強強。我的研究方法是走進日本
　　　　社會，甚至探訪當地家庭。我當時住在東京的郊區，千

葉縣的市川（Ichikawa）。我每個星期會訪問六個家庭，陪同的妻子負責訪問母親，而我則負責訪問父親還有他們的孩子。我就是透過走訪日本家庭，以訪問的方式來展開我的調查研究。今年正好與我的調查研究相隔了 60 年，我與當時訪問認識的孩子們，現在還是好朋友，至於他們的父母，只有一個家庭的母親還在世，我的孩子現在還有跟她聯繫。

加藤：　1958 年也是我母親在靜岡縣的熱海（Atami）出生的一年，那年您正好去了日本，所以聽到您剛才的描述，我也分外感慨，畢竟那是母親出生的年份和熟悉的地方。

　　　　您後來基本上每年都會到訪日本，了解當地的社會。這 60 年來，以您當時居住的市川為例，您認為日本社會在各方面，以及日本人對於生活的要求等有沒有明顯的變化？在我們日本人看來，市川所在的千葉縣位於東京的旁邊，算是比較發達的地方。我 1984 年在靜岡縣的熱海出生，在山梨縣的甲府上了初中和高中，這兩個地方都不算發達，尤其是山梨縣作為一個內陸縣（靜岡面積較大，加上沿海，相當於中國一個省，靜岡縣和浙江省是姐妹省縣，還是比較「門當戶對」的。靜岡在經濟、社會、教育、體育等各方面均比山梨縣先進不少）。這些年來我也經常回東京，但我不覺得日本社會有什麼明顯的變化。

傅高義：日本還是有很多變化的，我在 1958 至 1960 年期間留在日本，當時社會還沒有從二戰中完全恢復過來，很多地方遭到破壞，生活艱苦。我所在的市川是較完整的地方。我當時用「工薪族」（Salary man）這個概念寫過一本關於日本新中產階級的書，您應該明白我想帶出的想法。

加藤：　您在書中有對日本中產階級描述和分析，包括夫妻關係、孩子在家中的角色等話題。其實日本直至現在仍是那樣，沒什麼變化。這本 50 多年前的書今天被翻譯成中文，推

廣至中國。我曾跟一些中國讀者交流讀後感，他們亦說這本書很有啟發，當年的日本是個很好的借鏡，讓中國人理解今天的中產階級。

傅高義：　一直以來，日本的社會體制沒有太大改變，但國民的生活水平有了顯著的改善，比如很多受訪家庭原來是沒有電視的，買一台電視要視乎他們那年獎金的多寡；他們的廚房也沒有冰箱，要使用冰塊來冷凍；他們的房子腳下就是土，沒有電，也沒有暖器，用的是 Kotatsu（筆者註：中文應該叫「被爐」，放在榻榻米上用以取暖的冬天用傢俱）。人們在生活中的消費也格外仔細，都很節儉，孩子在那時讀書也是一個負擔，反正大家都是勉強在過日子。不過這種情況現今已經不怎麼存在了，現在的日本人可以過上比較舒適的生活。簡單而言，日本不論在社會結構還是思想方面都沒有太大改變，人們生活水平的提高才是這些年來的最大變化。

　　　　另外，給我留下深刻印象的，就是當年那些為了孩子考試費盡心神的母親們。在我看來，今天的中國母親和當年的日本母親是很像的。近年來，中國人漸漸富起來，因此會考慮讓孩子就讀較好的學校，願意為孩子的教育花費更多。

加藤：　我完全同意您的比較，雖然我不知道 20 世紀 50 年代到 60 年代，日本的母親與孩子之間是怎麼建立關係的。現在回想，我也幾乎沒問過母親，姥姥當年是怎樣照顧和教育她的。我母親有一個比她大五歲左右的哥哥，她的爸爸就是我姥爺，是一名消防員，一家的生活比較穩定。不過他們住在伊豆半島的東北口——熱海，一個不太發達的地方，所以相比起其他地方，他們的生活還是相較困難的。但他們為了給孩子一個相對體面的學習和生活環境，姥爺和姥姥都拼命工作，雖然沒有太多時間照顧兩個孩子，但母親和她哥哥都能讀到高中畢業。

這些年來日本有一個詞彙或概念叫「教育媽媽」，指那種近乎瘋狂，極端重視孩子教育的母親，她們會很嚴厲監督孩子的教育，如上學、參加補習班等。我看今天的中國社會也有數不清的「教育媽媽」。

傅高義：　不過，日本社會應該也有了變化，父母對待孩子的教育不如從前緊張，給予孩子的壓力也少了很多。

加藤：　　應該是的。我在學期間有一個很盛行的概念叫 Yutori-Kyoiku，中文可以譯作「寬鬆教育」，由政府調整課程安排，使課程編排不會那麼緊張，並鼓勵學生在週末作適當休息，不要有過多的補習等。

我讀的小學是公立學校，中學是私立學校，週一到週五整天上課，週六只上半天（上午）的課，而週日休息，除非週末有模擬考試等。如有模擬考試，週六和週日的時間都會被佔滿，無法休息。我記得中學時，尤其是高二到高三期間，學校經常在週末安排考試，每個月有一半的時間是沒有週末的。但即使如此，比起我父母的年代，我這一代的教育已經相較寬鬆。

我曾在中國的中學（中國人民大學附屬中學）教過日語，我覺得中國學生的學習壓力很大，特別是我訪問、調研接觸過的外地孩子。迄今為止，中國每年約有一千萬的學生參加高考，競爭相當激烈，比當年的日本更激烈，您認為呢？

傅高義：　應該是，但當年的日本社會也很緊張，至少在我看來是這樣的。我當時訪問日本家庭，父母的情緒和狀態很大程度上取決於孩子的考試成績，如果孩子的成績很好，父母就會很高興，但如果孩子的考試成績不理想，父母的情緒就會很低落；他們的表情明顯反映出孩子的考試結果。

做一個對社會有貢獻的人

加藤： 您小時候的夢想是什麼？是成為一位學者嗎？

傅高義： 因為我小時候曾學鋼琴，所以大家覺得我將來可能會成為鋼琴家，不過我上初中一、二年級時對父母說，我不想當鋼琴家，將來想從事社會福利方面的工作。我父母是從歐洲移民到美國的人，當時美國很歡迎他們，所以他們對美國抱有謝意；他們的經歷和感受令我更想透過從事社會福利工作以報答社會。因此，我在大學修讀了社會學，為的就是實現我的目標，做個對社會有貢獻的人。

讀大學時，老師覺得我是一個值得栽培的學生，而我在學習的過程中，也漸漸把目標從社會福利工作者轉向社會學家。畢業以後，父親認為我應該早點念研究生，於是我上了家鄉一所規模較小的大學，叫博林格林州立大學（Bowling Green State University），是俄亥俄州一所州立大學。我在這所大學讀了一年的社會學，同時也從事教書工作。當時的老師也建議我先不要去好的大學，應該先在這裏試試我是否適應教書工作。由於這段經歷跟我的前途關係不大，所以我甚少公開提及這事。我在這所大學花一年時間取得社會學的碩士學位，當時我 18 歲。

那時正值朝鮮戰爭，學生可以在完成學業後去當兵，我畢業後從 1951 年的 9 月開始當了兩年士兵。在當時的軍隊裏，有專業背景的人可以做一些與其專業相關的任務，因為我在大學時亦修讀了心理學，我在當了四個月的普通士兵後轉到醫院工作，當時軍隊的精神病醫院需要工作人員。1952 年 1 月，我去了費城附近有最多精神病患者的一間醫院工作了一年半。在醫院的前四個月，我負責照看病人，到了夏天，我在軍隊的醫院修讀了暑期的課程。

我在醫院的工作主要是跟剛到醫院的病人進行談話，了解他們的情況，從而協助精神科醫生。其中有一位我很尊敬的醫生會給我看書的建議，推動了我在當兵、工作期間仍保持着學習的狀態。那段時間對我來說也是不錯的經歷。

我在當兵前已經決定了要繼續修讀社會學。哈佛大學的各個專業、領域都很有名氣，但 Social Relations（社會關係）是一種新概念。本來社會學和心理學是分開的，後來，原本是獨立成科的社會學、社會人類學、社會心理學，以及臨床心理學一同合併到社會關係學系裏，我就到這個學系開始修讀博士一年級。

當時，這個新建立的社會關係學系吸引了全美的優秀學生，培育了不少人才，其中有四五位同學成為了美國的知名學者，都是我的朋友，例如 Robert Bella。

我們的老師來自不同專業，有來自人類學系的，也有主攻精神病學的醫生。他們有經費可以讓兩三個同學參與調查研究，我的博士論文就是根據這個研究，一邊學習，一邊拿研究經費完成的。當時的專案是研究意大利、愛爾蘭、英格蘭這三個不同背景的家庭，包括有普通孩子的家庭，也有精神病孩子的家庭。我每個星期訪問一個家庭，每次一小時，整項研究長達一年多。我的博士論文是根據這個調查研究完成的，現在回想起來，我通過了解人的心理、文化背景等展開的研究方法，也是在那個時候建立和培養的，我想那是好的教育方式。

加藤：　這個研究方法後來對您的中國和日本研究也有不少幫助。

傅高義：對。那份博士論文後來出版成書，我的另外一個同學也參加了這個項目。我給你看看那本書，一般人都不知道那本書，送給你吧。

（傅高義離開沙發到書庫找書。）

傅高義： 沒有人知道這兩本書，我的博士論文在 1990 年出版，當時
學系挑選了 22 篇傑出的博士論文組成一系列 22 冊圖書出
版，我的論文是其中之一（筆者註：論文名為 The Marital
Relationship of Parents and the Emotionally Disturbed Child），
是我寫的第一本書。論文的內容包括別人做過的研究、案
例分析，例如在愛爾蘭、意大利的家庭裏，孩子為什麼變
成精神病患者，我做了詳細的調查和研究。我不好斷言這
本書得出的結論是否正確，但這本書有助讀者了解家庭。

我一開始修讀博士學位的時候，有兩位領導社會關係學系
的教授，一位是精神病醫生，另一位是人類學的女教授。
這位女教授重視與不同文化、人之間的來往，因此經常跟
不同的人進行交流。她對我説，要在大學裏教書，應該先
去其他的國家觀察不同的文化和進行調研，這樣才能更客
觀地了解自己的國家。我覺得她有道理，所以後來向系裏
申請去其他國家進行研究。另一位教授叫 William Caudill，
他曾研究日本的精神病情況，説可以給我介紹他在日本的
人脈等，於是我認識了土居健郎（Takeo Doi）。我讓你看
看 Caudill 的書，但我手裏只有一本。這本書收藏了我寫的
小文章，叫 "A Preliminary View of Family and Mental Health
in Urban Communist China"，也是跟精神病患者的課題有
關，不過沒有人知道。

關於 Caudill 教授，我給你説一個有趣的故事。20 世紀
初，日本有一個著名的政治家名為永井柳太郎（Ryutaro
Nagai, 1881–1944），他的兒子叫永井道雄（Michio Nagai,
1923–2000），曾是文部大臣（筆者註：相當於中國的教育
部長），也是高等教育問題的專家，1950 年左右在美國取
得博士學位。一般來説，日本的大臣是政治家，而不是某
一個領域的專家，只有他既是高等教育的專家學者，也做
了文部大臣，他是一個罕見、特殊的人才。他跟原來的妻
子離了婚，而這位女士後來跟 Caudill 教授再婚。所以，我

認識 Caudill 教授的時候，他的妻子就是永井道雄的前妻。

Caudill 教授後來到日本做一年的訪問調研，結束後回到哈佛繼續教書。正因為他到日本做過調研，才推薦我以日本作為研究對象，他和土居健郎做過關於精神病患者的研究。我當時拿了兩年的獎學金，第一年用以學習日語，第二年做調研，我的調研課題也承接了我的博士論文。我在名為長沼（Naganuma）的語言學校學習日語，不過當時也沒有什麼好的學校。學校周圍的外國學者也不多，大多數是傳教士，所以我和妻子跟那些傳教士一起學日語。語言學校在澀谷（Shibuya），而我們住在土居健郎家的旁邊，是在池尻（Ikejiri）的民宿，離澀谷不遠，車程大概十分鐘左右。第二年我跟位於千葉縣市川的國立精神衛生研究所合作，通過他們結識了市川一帶的家庭，我和妻子每一星期到位於市川郊區的六個普通家庭進行訪問採訪。

加藤： 您手裏拿着的 *A Modern Introduction to the Family* 看起來也很有意思，您也是這本書的作者之一，是您跟另外一位學者一起編寫的嗎？它沒有中文譯版，乾脆叫「家庭研究」吧？

傅高義： 對，就是《家庭研究》。當年我在哈佛參加關於家庭問題的研究，也就是在那兩位教授的指導下，我跟 Norman Bell 一同推動了這項工作，他是我在哈佛社會關係學系的同學，可惜他早逝。那個年代比較流行的做法是編寫一本書。由於當時在哈佛沒有一本比較全面而且可以作為教材的於家庭問題的書，於是，我和這位同學深化我們的研究的角度，一同花了兩三年的時間編寫了這本書，並在 1960 年出版，那一年我 30 歲。

這本書可以說是我最早出版的一本書，除了探討家庭問題外，也包含了對與經濟、政治和社會之間的研究。這本書是一本強調系統的研究著作，周圍的朋友也給予較高的評價，後來也成了哈佛大學有關家庭問題的課程教材。就我

個人而言，這本書及其寫作經歷的確為《日本的新中產階級》（1963）提供了很好的範式，《日本的新中產階級》的寫作在框架設定、組織結構、思想前提等方面也是參考這本編著的。而我在寫作時也盡量有系統地闡述日本的新中產階級。

為什麼寫《日本名列第一》，卻沒寫《中國名列第一》？

加藤： 在您第一次訪問日本後二十年左右，出版了暢銷書《日本名列第一》（*Japan As No.1*），您初次訪問日本和離開日本時應該沒想過將來要寫《日本名列第一》那樣的一本書。

現在回過頭來，您當時看着日本那些「教育媽媽」緊張的狀態，有沒有想過這樣的日本將來會否超越美國，日本的實力能否挑戰美國的地位？當然，日本的綜合國力恐怕不可能超過美國，畢竟美國那麼大，軍事實力也很強，而日本只是一個擁有自衛隊，沒有正規軍隊的「和平國家」。但在其他方面，如經濟、社會和教育等，您作為一個美國人，當時有沒有因為美國可能會被日本超越而緊張，甚至是恐懼？

傅高義： 1958 年到 1960 年的時候，我根本不曾想過二十年後的日本會發展得這麼快。我在 1960 年回國，1963 年出版《日本的新中產階級》，但即使是在 1963 年也沒有想到五年後的日本發展得如此迅速，變化那麼大，更不要說十年後了。當然，後來的中國也同樣使我驚訝，1978 年中國開始改革開放時，我也沒有想到中國後來發展得這麼快。

加藤： 您有沒有聽説或讀過一本書叫《中國第一》（*China As No.1*）？那本書是一位在日本的香港人寫的，叫關志雄（Chi Hung Kwan），他專門研究中國經濟問題。關先生可能也參考了書名及內容。您説當初沒有想到日本和中國發展得那麼快，這應該算是一種衝擊，那麼您後來有沒有想過寫一本類似《中國名列第一》（*China As No.1*）的書呢？

傅高義： 我當然也考慮過，不過我當年寫《日本名列第一》的目的就是要「嚇唬」人，寫日本可以起到這個作用。但到後來，很多人都知道中國變得很強大了，即使我寫《中國名列第一》，人們也不會被這本書所嚇倒，所以就決定不寫了。我決定不寫有兩個理由，一是當時人們已經知道中國總有一天在經濟上會超過美國，二是中國的社會水平、組織結構等還不及當年的日本，所以也沒法寫。

我認為我的工作是讓美國了解日本和中國，當年的《日本名列第一》的確可以達到這個目的。至於中國，我作為學者想讓美國人了解中國，了解中國發展的方向和方法，經過研究和思考，我覺得應該把目光聚焦於改革開放時期，所以寫了《鄧小平時代》，研究和關注鄧小平這一改革開放的設計者和推動者。我一直認為，了解中國發展的道路還是要從改革開放的起源和過程着手。當然，中國的改革開放也不是一帆風順的，後來也發生了一些改變，這我們可以慢慢討論，但我當時的考量是讓西方人多了解中國社會，所以就決定寫鄧小平這位關鍵人物。

加藤： 您寫《日本名列第一》的最大目的是讓美國人多了解日本，並從日本經驗中汲取一些教訓，幫助美國發展；您寫《鄧小平時代》也是為了讓美國人認識中國，尤其是改革開放以後的中國。不過，後來的一些現象可見，不僅是美國人在閱畢您的著作後有所反思，不少日本人看過《日本名列第一》後感觸也很深。我也跟一些北大的師生交流過《鄧小平時代》，發現不少中國人在看了您的書以後也深有感觸，有的人更加堅定了中國堅持走改革開放的道路是正確的想法。這本本來是為了讓您的同胞們能好好了解東亞而撰寫的著作，最後卻一舉兩得，為我們東亞人提供了一個機會了解和反思自己。我想，這些效果應該也超出您當年的期望吧。

傅高義： 可以說，我是因為《日本名列第一》的出版而在日本「出了風頭」的，很多日本人因而認識我。我最近在書寫一本

關於中日關係的書時，也考慮到日本人和中國人如何閱讀
這本書；如今，寫作和出版這本中日關係的書，目的已經
不僅僅是讓美國人了解中國和日本，我也希望通過這本書
可以讓中國人更多地了解日本，日本人更多地了解中國。
我有很多日本的朋友，也有很多中國的朋友，中國有一句
話叫「旁觀者清」，我希望自己作為旁觀者能夠促進中國
和日本之間的相互理解，讓兩國建立更好的雙邊關係。

最滿意的書：《鄧小平時代》

加藤：　您出版了那麼多本書，您最滿意的哪一本，又有哪一本感
　　　　覺有遺憾呢？

傅高義：我最滿意的是《鄧小平時代》，畢竟付出的時間最多，消
　　　　耗精力最大。我認為，自新中國成立以來，不論是從改變
　　　　中國的角度來看，還是在 20 世紀推動中國發展方面，貢
　　　　獻最大的還是鄧小平。而《鄧小平時代》是我個人最滿意
　　　　的作品，我並不是在宣傳自己的書，對外也不會這麼說，
　　　　我只是坦率地跟你分享我個人的想法。

　　　　當時我利用自己以往的經驗以及在中國的資源，包括閱讀
　　　　史料、採訪對象等，經過長時間認真的研究寫成了《鄧小
　　　　平時代》，也是我最滿意的書，我也相信《鄧小平時代》是
　　　　我出版過對世界貢獻最大的書。

　　　　《日本名列第一》這本書我也很滿意。很多人把 Japan As
　　　　No.1 翻譯為《日本第一》，但嚴格來說應該是《日本名列
　　　　第一》，當時也是以這個書名出版中文版的。不過，《日本
　　　　名列第一》用了三年左右的時間進行研究和寫作，所花的
　　　　時間沒有《鄧小平時代》長。

　　　　我也滿意是最其中兩本早期出版的作品，分別是《共產主
　　　　義下的廣州》(1969) 和《日本新中產階級》(1963)。其實，
　　　　我對自己寫作和出版過的書都很滿意。《共產主義下的廣

州》對了解當年中國的政治、社會等方面是一本很重要的書，但我感覺大家對它的興趣有限，哈哈。其實，這本書對我個人的事業也很有幫助，哈佛大學決定給我教職也是因為這本書的意義和價值。

我現在已經寫完一本即將出版，有關於中日關係的書了，但說實話我不太滿意，因為我平日要處理的事情很多，研究和寫作的時間不夠，加上這本書的歷史跨度又很長（奈良時代到今日），要寫好有一定難度。

加藤：《鄧小平時代》在 2013 年 1 月於中國大陸出版，適逢黨的十八大閉幕，習近平就任黨的總書記和中央軍委主席。當時習近平擔任總書記訪問廣東，到深圳蓮花山向鄧小平的雕像敬獻花籃，他在現場也表示中國共產黨必須堅持改革開放的方針。我相信，習近平的訪問和表態對《鄧小平時代》在中國大陸的出版以及輿論反響，甚至市場回饋等都會起到積極的作用。後來，您也經常到訪中國，在華期間也到不同城市的大學、書店等作演講，跟讀者交流。我也看過鳳凰衛視、人民網、南方報業集團等媒體對您的專訪，從中不難看到您跟中國言論市場之間的密切互動，而且大多數的報導都是正面的。

傅高義：對，90% 以上是正面的。

加藤：您享受這樣的互動和感覺嗎？

傅高義：當然。你問一個中國的學者，究竟哪一個美國人最了解中國，哪一個美國人寫關於現代中國的研究著作最好，我估計他們都會說傅高義寫的《鄧小平時代》。在中國的學者和讀者眼中，有沒有像佩服我一樣的作者呢？我估計沒有第二個人吧。

加藤：很多美國人寫關於中國的書在中國沒什麼影響力，即使有中文版，但影響力仍然不如《鄧小平時代》大，我想也包括基辛格博士的《論中國》。有一次，我到北京西單的一

家書店，一進門就看到《鄧小平時代》擺放在門口附近很顯眼的地方，和其他那些面向大眾的暢銷書放在一起。這說明了這本書不只是在學者和知識份子之間被傳閱或作為研究的參考資料，同時也面向一般讀者，走進公眾視野，就像您之前說的，一般讀者也能看得懂。

傅高義：負責翻譯的人也翻譯得不錯，我自己無法判斷，是別人告訴我的，包括我給你提及過香港中文大學出版社的甘琦。

面對批評無所謂？

加藤：《日本名列第一》和《鄧小平時代》讓您在美國、日本、中國等國家建立了您作為學者、公共知識份子、東亞問題專家的地位和權威。我可以這麼理解嗎，您是憑着寫書，讓自己從「沒有背景和資歷」變得有名氣和權威？寫書對您的職業生涯來說特別重要，甚至起到關鍵的作用？

傅高義：我出版《日本名列第一》的時候確實沒有想到這本書會引起那麼大的反響，給我帶來這麼大的名氣。雖然我也覺得自己寫得還不錯，是一本好書，但我寫書、出書的時候確實沒有想到這些。後來贏得了那樣的名氣和反響，我覺得也很好，自己的運氣不錯。

我的第一本書是《日本新中產階級》，第二本是《共產主義下的廣州》。其實，我寫《共產主義下的廣州》花的功夫更大，花了很長的時間調研和寫作，比其他書更認真、更緊張。相比之下，《日本名列第一》的過程是相對輕鬆的。

但我也因為那些名氣和反響而遇到了一些問題。你也知道學者之間是互相比較的，每個學者都認為自己寫的東西比別人好，所以有些日本問題專家覺得自己比我更了解日本，研究得更好，書寫得比我好，也有人批評我奉承日本才獲得日本讀者的認同。或許他們覺得自己的作品不如我的書有知名度和影響力，所以才有這些負面的聲音。

加藤：　學界的人基本都是互相嫉妒，甚至互相惡搞的。

傅高義：對，你很清楚這個現象。

加藤：　《日本名列第一》和《鄧小平時代》這兩本書的出版有沒有給您帶來麻煩？

傅高義：批評的人很多，例如有些人認為我對「六四」問題談論得不夠到位，認為在這個問題上應該更多批評鄧小平，也有人覺得我是拍鄧小平馬屁，還有些人是出於嫉妒而批評我，說我有道德問題。那些批評中國人權問題的人，也出於同樣的原因批評我，他們也是有一些嫉妒心吧。不過，大多數人還是覺得《鄧小平時代》寫得很好，認同我為寫這本書所做的研究。我的確為了寫《鄧小平時代》花了不少功夫，相比之下，寫《日本名列第一》沒有花那麼大的功夫，後者算是一本提出問題的書，所以沒有做詳細、長期的研究。

加藤：　不過，像您這麼有名氣的學者遭到這些批評和嫉妒，也是理解的。您自己覺得呢？

傅高義：基本上無所謂，但我也是人，也有感情，做不到完全不在意。美國亞洲研究協會（Association for Asian Studies）每兩三個月出版一次刊物，直至《鄧小平時代》出版時，他們已有五年沒有出書評了，然而五年以來第一次出版的書評欄目就有這本書、批評我的文章，指責我道德有問題。當然，這些都無所謂，只是説我也是人，不能完全不在乎那些批評，僅此而已。縱觀中國歷史長河，數千年來曾出現過許多皇帝和領導者，但鄧小平在這條長河中起了非常大的作用。關於鄧小平這樣一個人物的傳記，究竟誰寫得最好？我相信還是《鄧小平時代》最好，關於這一點，學者們也應該承認吧。

加藤：　不止是學者，中國讀者以及大眾基本都會這麼認為的。您的《鄧小平時代》也曾在日本出版（筆者註：2013 年 9 月，

日本經濟新聞出版社），我們日本人也通過您這位美國人寫的鄧小平來認識中國，加深了對中國改革開放的看法與理解，即使對您的一些看法有異議，但這本書能引發大家新的思考、新的討論，所以也是一件好事。一個作者、一部作品能做到這一點，已經算是成功的了。

傅高義： 哈哈，我也同意。這樣看來，有些人批評我和我的書，也算是小問題了，但這個不等於完全沒有問題。很多讀過我的書的中國人也跟我說「寫得太好了」、「很尊敬您」。但是，也有一些人在信裏問我「我該怎麼做才可考上哈佛大學？」之類的問題。所以，這些給我回饋的人並不完全是佩服我，或許是希望我能幫到他們。哈哈，兩個方面都有吧。

如何寫好一本書

加藤： 我在閱讀您著作的過程中有一個很深刻的印象，您書中的主體內容是客觀描述，包括日本的社會結構、中國的政治環境等，我也知道您是一個很重視客觀性的學者。讓我好奇的是，這麼多的「客觀知識」是從哪裏來的，您是如何掌握這些客觀知識的？為了寫一本書，從策劃到閱讀，從採訪到寫作，它是一個複雜、微妙、敏感的大工程，對於這樣一個工程，您至今有沒有確立一套相對固定的方法呢？您可以說是一個跨越國界和領域的暢銷書作者，您是怎樣編寫這些書的呢？怎樣才能寫好一本書呢？

傅高義： 每當決定出版一本書，我都會設定目標，但開始進行研究後，這個目標會隨着研究改變。例如我第一次到日本的時候，我一開始關注的是日本普通家庭和有精神病孩子的家庭之間的區別，經過觀察，我發現這跟美國家庭的情況相差無幾。有一天，我跟其中一個家庭的媽媽聊天，她提到不同「工薪族」（Salary man）家庭之間的區別，比如政府

官員、大企業、中小企業都是「工薪族」家庭，但待遇、處境等卻各有不同，我就覺得這些區別很有意思，於是開始關注「工薪族」這個主題。

就內容而言，我很重視綱要。寫綱要很重要，我會認真地列「一、二、三……」，寫完後請可信的朋友過目，得到意見後再不斷修改，完善綱要。

還有一個很重要的，就是書名。書名不一定要好聽，重要的是它能否體現出這本書最核心、最重要的內容。我一般會用紙寫下幾個候選書名，再請朋友挑選，聽他們的意見，再不斷修改，最後才落實書名。這是我寫書的流程。

加藤： 《日本名列第一》和《鄧小平時代》的書名都定得很直接，很有衝擊力，也抓住了要點，能反映出時代的特點或變化。您説敲定書名的過程中也會看看其他人的看法和建議，但最終還是自己決定吧？

傅高義： 也不一定。在《日本名列第一》從英文翻譯成日文的過程中，我們討論了日文的書名怎麼定，如果把 Japan As No. 1 翻譯成日本式的語言，恐怕沒有人會感興趣。當時出版這本書日文版的 TBS-BRITANNICA 出版社負責人便提出直接用 Japan As No.1 這個英文書名，畢竟是外國人寫的，這樣更有衝擊力，這是日本出版社方面提出的建議，我也接納了，結果很成功。

負責行銷的人叫渡邊（Watanabe），當時 35 歲左右，我們到現在還是朋友。我這次出版中日關係的書，已經定了由日本經濟新聞出版社出版，但敲定書名等過程我也讓渡邊提出建議。在中國大陸，這本書由經香港中文大學出版社的社長甘琦建議，最終在中信出版社出版。甘琦的丈夫叫北島，是一位非常有名的詩人。甘琦以前在北大東門旁邊開過一間書店叫萬聖書園，她至今仍每個月都會到中國大陸。因為她非常了解出版行業，我在中國出書也會聽她的看法和建議。

加藤： 這本日中關係的書的英文版尚未出版，但其日文版、中文
繁體版及簡體版卻已定好了出版社及出版時間表，所以您
是同時推進幾種語言和版本的出版嗎？

傅高義： 對的，不過唯有大陸的出版會有變數，因為大陸有審查環
節。對於如何面對和解決審查的問題，甘琦建議儘量找北
京的出版社負責出版，因為廣東的出版社不一定清楚現時
北京的審查狀況，它們所擁有的資訊不如北京的出版社
多。這次決定由中信出版亦跟審查環節有關，因為中信裏
面有一個人曾做過審查工作，非常了解審查環節，所以決
定把這本書交由中信出版。

加藤： 無論如何，您還是希望讓中國大陸的讀者能看到這本書。
我相信大家也很清楚傅老師是很關心中國發展，是支持中
國繼續走改革開放道路的。我覺得，在今天的形勢下，您
的作用恐怕是前所未有的重要。

傅高義： 對，但不應該亂説話。我看一些美國人總是高高在上地對
中國説你們應該這樣應該那樣，這很不好，中國人也不會
接受。當然，我説的話都是我想説的，但同時我的責任是
了解實際情況下中國的知識份子想説但不容易説的話，
然後由我這個外國人説出來，此刻我更應該好好利用我的
身份和機會。你很了解日本和中國，對於在不同體制下
該如何對話，你也有自己的經驗，所以你了解我的處境和
心情，對於我想做的事情以及背後的考量，你有獨特的理
解。

加藤： 中國人有他們的面子和尊嚴，每次聽您討論中國和日本問
題，我能感覺到您充分照顧了我們的感情、理解和接受能
力。在我看來，您能做到這一點，也是因為這麼多年來在
日本和中國實地考察累積而來的經驗，相信也是在跟日本
人、中國人相處的過程中學會的吧。怎樣表達才能讓對方
聽懂、理解，並接受，這一點非常重要。希望我自己也能
做到，像您這樣扮演一個正面的角色，但我還在努力，在
挫折中嘗試呢。

傅高義： 沒關係，你還年輕，今年 34 歲吧，有這樣的想法已經很難得。

交朋友是最大的研究方法

加藤： 您能不能具體地介紹一下您是怎麼學習日文和中文的？我個人是覺得，學語言大概就是上課、看報紙、聽廣播、查字典、學語法，找人聊天⋯⋯這些吧？

傅高義： 這些方法我基本上都試過，不過我認為進行社會訪談也很重要，在訪談的過程中可以提高自己的語言水平。我到日本後的第一年先上課學日語，第二年進行家庭談話，後者對提高我的日語水平很有幫助。我認為我的日語是通過跟對方溝通學習的，用我的話來說就是「用的日語」，而不是在課堂上學的日語。我當時不斷跟人打交道、交朋友，在聊天的過程中，他們教我日語，讓我融入到日本群體和社會當中。學習中文也如此，我在哈佛上課學習漢語和中國歷史，到香港後，我不斷跟來自大陸的難民談話，他們跟我說普通話，我也從交流中了解到中國社會。

我做研究一般不用統計跟資料，而是用人，通過談話了解情況、了解人的思想，從而展開並深入研究。這樣的過程也可以提高我的外語水平。我知道現在，尤其是年輕的學者研究時會用到統計和資料，但我的研究方法不同，我是努力去了解對方，與他們交流，這是我最主要的研究方法。

加藤： 我很認同你透過跟人交流來提高語言水平。我在 2003 年剛到北京的時候，通過跟胡同裏的阿姨們聊天學習中文，可以說我最大的中文老師就是「北京胡同裏的阿姨們」。一開始，我完全聽不懂她們說的話，我查過字典，學過語法，但都沒有太大的幫助。你當時在日本和香港有沒有聽不懂對方說的話，或不知道怎麼接話、無法準確表達的經歷？

傅高義： 我很幸運，在第一年學習日語的時候認識了一位鄰居，就
是我在前面提及的土居健郎。當時我要在日本找房子，土
居健郎說正好他隔壁有個房子空着，我們可以去住。我研
究的是心理學、精神病患者、美國家庭等，土居健郎也在
美國讀過心理學，對美國的心理學、精神病患者等有一
定了解，所以我們之間有很多共同語言。我第一年學日語
時經常到隔壁找他聊天，他跟我分享了許多他的研究和看
法，而且我們的性格也很合得來。他是一個很好的人，有
一本很有名的書叫《「嬌寵」（Amae）的結構》，當時他的
太太和我前妻的關係也很不錯。我的前妻已經去世了，她
是研究日本的，當年我們一起去了日本，一起上課。我們
在 1953 年結婚，1977 年離婚。土居健郎已經去世了，他
的太太還在，但在養病，已經不能說話了。我們和他們夫
妻二人從 1958 年開始一直是很好的朋友。

我還有一位日本朋友叫野田一夫（Kazuo Noda），他比我
大三歲，也是研究社會學的。我們雖然是學者，但不算是
書呆子，因為大家都不喜歡理論，反而很喜歡了解人類的
思想情感。他的分析能力很好，也認識很多日本的行政官
員、企業家等，他教會了我日本商人、官員的想法。1961
年他在美國麻省理工學院（MIT），我在耶魯，那段時間我
們常常見面。

所以，我的做法還是先交朋友，通過朋友了解當地。現在
的年輕人總是透過統計和資料作研究，但他們不一定了解
實際情況和社會結構。我是先用人的關係，然後用帕森斯
的理論和結構得出結果。就研究日本而言，我會先跟當地
人談話，然後找出對話之間的結構關係，從中盡可能分析
日本人的思想。我的研究方法還是比較特殊的。

加藤： 所以，無論是對日本還是對中國，對您來說最重要的研究
方法是跟人打交道，重視與人建立關係，通過人來走向當
地社會，了解實際情況。

傅高義： 當然我也會參考學者們寫的書，但的確，我最主要的研究
方法還是聚焦於人與人之間的溝通。

加藤： 您撰寫《鄧小平時代》期間讀了大量的書籍，花費了很大
精力研究資料。另外，我也從您的書中看到人的味道，如
採訪鄧小平的女兒、陳雲的女兒，美國的亨利‧基辛格、
日本的中曾根康弘、新加坡的李光耀等等，通過人來了解
鄧小平。

傅高義： 我這個月也打算見兩個朋友的孫子輩，其一是于光遠。我
見過于光遠很多次，我剛收到電郵，他的孫女將會到波士
頓念書，我們這個星期或下個星期會見面。其二是夏書
章，我在中國的第一個單位是中山大學，1980 年的夏天我
在那裏待了兩個月，那時的夏書章是中山大學的副校長。
我第一次去中國是 1973 年，我參加了自然科學代表團──
最早的科學代表團，我很幸運，有機會參加那個團第一
次訪問中國的活動。當時中國有革委會，我們到中山大學
待了兩三天，革委會代表與我們談話，說的都是極左的口
號，很難聽。後來，我們開始步行，可以兩個人談話，可
以談一些口號以外的話。然後有一個人走過來，對我說：
「您是老哈佛吧？」我回答說：「是，我是哈佛的」。他接
着說：「我 1946 年在哈佛待了一年」，說認識某某人，那
個人就是夏書章。於是我們開始比較輕鬆地聊天，聊了
大概 30 分鐘。他沒有說什麼秘密，也沒有反對左派的思
想，但我能感覺到他內心的想法。我們的對話很愉快，畢
竟在 1946 年來過哈佛的緣故，我們有共同話題。1970 年
代後期，他又來哈佛待了一年，那次是在教育學院，他當
時住在我家的二樓。我這星期收到夏書章孫子的電郵，他
來波士頓大學念書，我也跟他聯絡了。所以，我習慣認識
人，認識朋友，通過那些朋友來了解實際情況。朋友是能
帶來很多好處的，只要能成為朋友，對方就有可能對我講
真話。我也理解朋友的立場，即使對方不方便講真話，我
也會從他的立場去判斷他的話是否可信。總之，交朋友對

我的研究和職業生涯來說很重要。當然，也有些人是怎麼談都談不來，但我還是有不少談得來的朋友，夏書章就是其中一個。他明年一百歲，還活着呢，是我的好朋友。

旁觀者清：中日關係新研究

加藤： 2012 年 9 月初旬，日本和中國之間發生了所謂「國有化」事件，那時候我們也從不同角度和案例討論日中關係將何去何從。我們一致認為，日本人與中國人之間的互不信任是一個深層次、嚴重的、結構性的問題。就怎麼看待一本書而言，中國人不相信日本人所寫的日中關係的書，日本人也不相信中國人寫的中日關係的書，所以日本和中國讀者可以比較冷靜地讀由您這個美國人寫關於兩國關係的著作。而且，您是一個有習慣、意願和能力用日文和中文表達觀點、進行交流的美國學者，我記得您每次到日本的時候都用日文演講，到中國的時候用中文演講，我們會覺得「這位美國學者很尊重我們，很尊重我們的文化」。所以，您撰寫關於日中關係的書，我相信不僅可以讓美國人了解日本和中國，還能讓日本人和中國人思考彼此應該如何相互理解和信任，建立可持續的日中關係。

傅高義： 我不敢說我的書能否促進日本人和中國人之間的相互理解和信任，但至少這是我的目標。你所說的，就是我寫這本書的目標。

加藤： 您曾經向我提及，寫完《鄧小平時代》，下一本書應該是從奈良時代到今天的日中關係史。您能不能進一步闡述寫這本書的原因呢？

傅高義： 在我看來，中國和日本之間的問題太多了。我是跟日本和中國都有特別機緣的人，因為出版了《日本名列第一》和《鄧小平時代》，在中日兩國我累積了不少讀者，所以我的機會比較多，但與此同時，責任也很大。

我認為，中日關係非常重要，從全世界的規模和範圍來看也特別重要。當然，中美關係、日美關係也很重要，但中日兩國作為世界第二、第三經濟大國，兩國的雙邊關係特別重要。而且近年來，中日兩國及周邊形勢特別緊張，如果中日兩國解決不了這些問題，對全世界而言，亦會產生一定影響。可能我的目標太大了，但我確實是希望通過這本書促進中國人和日本人之間的相互理解，甚至促成更好的雙邊關係，這樣的結果對美國來說也有好處。我的看法是，假如中日關係破壞得太大、太快，對美國亦會構成負面影響。

加藤：「國有化」事件發生後，您主張倘若日本與中國之間的關係過於緊張，美國也會感到壓力，美國也愈來愈希望日中關係趨於穩定。

傅高義：當然現在美國的領導人也不怎麼樣，實在太差了，可以說美國建國以來最差的總統就是現在的總統。當然，今後還會有很好的人來擔任美國的總統。美國民主制度的一個好處是，即使總統很差，其他人還可以做不同的事而不會被禁止，如我們哈佛大學可以做很多對美國有意義的事情。我們在校園裏看着這麼糟糕的總統，大家都覺得，總統愈壞，哈佛的責任就愈重要。

加藤：您的新書直至我們對談的 2018 年 8 月底為止還未出版，您可以向我分享一些資訊，以及在寫作過程中的心得嗎？

傅高義：我之前給你看過書中的兩個章節。

加藤：是的，我認真讀過。您寫得很好，在我看來，拋開內容本身，您的身份和資歷是最適合寫這樣一本書的人選。這算是您第一本關於日中關係的書，有一個我們常用的詞彙叫「集大成（Shutaisei）」，我覺得這本書對您的研究和寫作生涯來說也意味着一種集大成，是您這麼多年以來觀察和關心日中關係的結晶，我可以這麼理解嗎？

傅高義：你還是很了解我想法的，我也覺得我應該是最適合寫中日關係的書的人。我在這本書的序文裏也曾提及，我這麼多年來研究日本、中國，認識了很多日本、中國的朋友。我希望日本和中國的關係變好，但近年來中日關係太差了，尤其是 2010 年、2012 年，兩國的問題太多。如果中日關係繼續這樣下去，對日本、中國，以及美國都沒有好處。兩國應該想辦法改進自身，改善關係並解決問題。我是出於這樣的看法和立場着手研究並寫出這本書的。

中國有一句話叫「旁觀者清」，我作為一個特殊的旁觀者，在日本出了風頭，在中國也出了風頭，我有責任寫一本這樣的書，而且應該是從歷史的角度去談。中國人通常說日本人不懂歷史、不反省歷史，他們所指的通常是第二次世界大戰時期的歷史，但我覺得，如果要談歷史，那就要談更長遠的歷史，而不僅僅是二戰時期的歷史。我不是歷史學家，對日本、中國的歷史只能說有基本的了解。為了好好了解它，我開始自學。為了寫這本書，我看了很多書，學了很多歷史知識。日本自唐宋時期開始很積極地向中國學習，甲午戰後，中國也開始向日本學習。不過，從甲午戰爭到二戰期間有那麼多中國人到訪日本，向日本學習的這段歷史，在我看來很少人知道，特別是美國人所知甚少。在鄧小平的時代，中國人也積極地向日本學習。

所以，我寫中日之間的歷史，不僅是寫二戰時期的，而是要更全面、長遠地描寫歷史，包括中國人向日本學習的歷史。許多中國人要日本人為二戰期間的事情道歉，不斷地道歉。但若說中日之間的歷史，那絕不僅是二戰期間的歷史，要把時間拉得更遠，這樣才能全面了解中日之間的歷史。中國人不相信日本人寫的日中關係史，日本人也不相信中國人寫的中日關係史，所以這段歷史還是要由西方人寫，雙方才可能接受。那麼在西方人裏面，誰有資格寫這樣的一本書，我覺得我是最合適的。為了改善兩國之間的

關係，我也有責任寫。其實，我妻子曾建議我應該寫關於自己的書，胡耀邦的兒子胡德平和李盛平也敦促我快點寫胡耀邦的書，但我認為中日關係的這本書更重要，所以過去幾年，我一直把它當做首要任務。

加藤：　為了寫完這本書，您大概花了幾年的時間？每天為了寫這本書花幾個小時呢？

傅高義：2012 年《鄧小平時代》出版以後，我經常要到日本和中國演講，所以我大概從 2013 年開始着手，花了四五年的時間完成這本書，不過很難說每天為此工作了多少個小時。比如我每天也要花一段時間寫郵件、回郵件，那些郵件有的跟這本書有關，有的無關。我也經常跟人見面，有的交流跟中日關係有關，有的無關，有的在一個小時的談話中可能有十分鐘是有關的。此外，每週三的哈佛大學講座，邀請演講者和主持活動也是我的任務和責任。總之，我每天工作十個小時左右，過去幾年亦一直把時間和精力投放在這本書上，尤其是過去幾個月。

加藤：　那麼您打算什麼時候出版？

傅高義：哈佛大學出版社大概會在明年 6 月出版，兩個星期前我已經把初稿發給南茜（Nancy Hearst）（筆者註：哈佛大學費正清中心的工作人員，也是哈佛大學 H.C. Fung Library 的圖書館館員），她負責編輯，處理稿件中的錯別字等小問題。她下星期會把稿子還給我，然後我再花一兩個星期的時間看一遍她所處理的部分。

加藤：　已經開始做翻譯工作嗎？

傅高義：還沒有，因為《鄧小平時代》是在較早階段開始做翻譯工作的，後來我的英文版改了很多，以致翻譯版也需要跟着改，對方說這樣太麻煩了，所以這次汲取了上次的教訓。現在南茜在做編輯，然後還需要由哈佛大學出版社的編輯來做編輯工作，待那裏的編輯工作進行得差不多才給香港

中文大學出版社做翻譯工作。不過，中大那邊已經開始看初稿了，有四個人在看，他們很努力地在處理，也會做一些分配工作，由誰來負責翻譯等等。待哈佛大學出版社看得差不多了，他們才開始着手翻譯。至於日文版，我亦已經跟日本經濟新聞出版社談好了，由一位姓金的韓國人負責這本書，他可能會找一些專業的翻譯公司來翻譯。九州大學的益尾知佐子（Chisako Masuo）副教授跟日本經濟新聞出版社也有些聯繫，所以她亦會幫忙翻譯稿件。

加藤：　日文版也是明年 6 月份出版嗎？

傅高義：我想日文版是沒問題的，大概三四個月的時間翻譯完，然後編輯，會很快出來，甚至可能比英文版更快。哈佛大學出版社的流程走得比較慢，我是 9 月份給他們稿子，要到明年 6 月才能出版。我估計，日文版和英文版差不多同時出版吧，至於中文簡體版我就無法預測了。

加藤：　香港那邊會比較快吧？

傅高義：對。所以我估計英文版、日文版、中文繁體版會差不多同時間出版，但中文簡體版實在無法估計。比如《共產主義下的廣州》翻譯完後過了 40 年才能在中國大陸出版。習近平不是要明年夏天左右訪問日本嗎？如果到時我這個美國人寫的中日關係的書能夠出版，也是一件好事，他的訪問有可能也讓我這書在大陸的出版更加順利。當然，這只是我的期盼。

加藤：　今天的日中關係總的來說也正往積極的方向發展，當局也需要更多關於日中關係的言論，尤其是美國人等外國人對日中關係的看法，所以大陸出版還是有可能的，可以抱有一絲希望。

傅高義：對的。所以我希望習近平訪問日本之際，我的書在大陸也能出版。這既是我的期望，也是一種可能。

費正清是一個王

加藤：　2013 年秋季，您開始在哈佛大學亞洲中心主持「考驗中
國的重大議題」（Critical Issues Confronting China）的系列
講座，每週邀請一個人演講，並進行討論。我當時正好
從甘迺迪學院來到亞洲中心，在您的鼓勵下有幸參加了
這個活動。活動的主題都是當代中國所面臨的一些重大
問題。當時，十八大閉幕，習近平正式上台不久，中國政
治還是一個相當熱門的話題，哈佛校園內也很多人關注，
並積極地參與討論。您這些年來一直參與和領導哈佛大學
的中國研究，也曾兩次擔任費正清中國研究中心的主任
（1973–1975；1995–1999）。經過這麼多年，做了這麼多事，
您如何回顧和評價哈佛大學的中國研究呢？

傅高義：　這個問題比較複雜。費正清在的時候，他是一個王，如同
一個國家的王。他親自成立了中國研究中心，他有名譽和
能力，身上有一種王者的氣勢。他長期領導研究中心，自
二戰回來後，一直到 1973 年左右退休，他當了將近 20 年
的管理層。費正清做事有目標、有組織、有計劃，他從哈
佛大學的戰略佈局角度，定位了中國研究中心該做什麼、
怎麼做。他的做法有其特點，例如若有十位研究中國問題
的學者，費正清會確保每位學者都有自己的專業範疇，讓
他們各自領導一個領域的研究，並鼓勵他們寫書。在我看
來，他不是一個講民主的人，他讓有能力的碩士生繼續留
在研究中心學習和修讀博士學位，而表現較遜的學生，就
不讓他們讀下去了。而如果有些博士生把博士論文寫得很
好，費正清就會鼓勵他成為博士後，並讓他用一年的時間
收集更多材料去修改和充實論文，繼而將博士論文編輯成
書，這是費正清當年對待學生的方式。總之，他有自己的
做法，不管是老師還是學生，費正清都鼓勵他們儘量建立
自己的專業，並好好負責和拓展個人的專業領域。同時，
他也全面地考慮了研究中心發展的視角和目標。

加藤： 二戰結束後，費正清先生在哈佛大學是如何發展中國研究的呢？有沒有一些讓您印象深刻的做法？

傅高義： 二戰之前，哈佛大學的中國研究主要是中國古代史研究；而二戰後，古代史似乎不再是主流。許多後來成為主流的政治學系、經濟學系、法學系等學者，都看不起東亞語言研究專業。而費正清試圖改變這種局面，令中國研究與哈佛大學內的主流專業掛鈎，讓政治、經濟、法律等每個學系都有研究中國問題的專家。雖然費正清是研究歷史的學者，但他曾在二戰期間任職於重慶的美國大使館，所以他對當代的中國問題也頗感興趣。相反，他所在的歷史系所培養的接班人對於當代的中國問題不太熟悉，也不太感興趣，這是他當時所面對的情況。

坦白說，還有一個情況我也希望有所提及。歷史系本來有一位名叫柯偉林（William C. Kirby）的學者，他原本的研究工作做得不錯，也曾擔任文理學院的院長，但由於他未能勝任院長的工作，所以校長把他辭退，他被迫回到歷史系。回到歷史系之後，他不知道該怎樣展開工作，因為他也覺得自己在文理學院做得不好，加上已經離開研究五年、十年了，對於年輕學者、學生們的研究和論文都不太熟悉和了解。因此，他的工作對於整個歷史系帶來了不太好的影響，並且在出任費正清中國研究中心主任期間，他的表現也不是很好。後來，他去了商學院任職教授。他為自己的事業做了一些事情，雖然得到了地位，但卻沒有做好研究中心的工作，只考慮了自己的事業發展。

加藤： 原來如此，我也曾聽聞過關於柯偉林先生的故事。我在哈佛聽過他的演講，當時您也在場，感覺他的口才很不錯，演講和表演能力很強。我相信您一直很關心主任的工作，因為它會影響整個哈佛大學的中國研究。那麼在您看來，後來擔任費正清中國研究中心主任的人怎麼樣？

傅高義： 歐立德（Mark Elliot）受到柯偉林的影響，因柯偉林局限了他的工作，所以歐立德也未能為研究中心做好太多事情。但他作為學者是不錯的，他主要研究滿洲，中文水平也不錯。他現在是負責國際事務的副教務長（Vice Provost），我認為他在哈佛大學發展會有前途，將來很有可能成為大學的領導，值得培養。而接任歐立德的宋怡明（Michael Szonyi）也是不錯的，值得培養，很有前途，他是研究明朝的專家。

哈佛大學有不同的專家負責每一個朝代的研究：包弼德（Peter K. Bol）是研究宋朝的；歐立德是研究清朝的；柯偉林是研究民國的。總言之，二戰後，尤其是 20 世紀 70 年代後，費正清中國研究中心的也不斷發展。而且，隨着中國作為研究對象的重要性日益增加，哈佛大學內的每一個學系，包括政治學系、法律學系等都有研究中國問題的專家。今天的哈佛大學，研究中國的專家有很多，文學有兩個、語言有兩個、法律有三個，而研究日本的專家就沒有這麼多了。

人多有好處，也有壞處。在我看來，最近每個學者研究的領域和方式都過於狹隘，不夠全面和綜合。費正清有一定的大局觀，他對於相較宏大的中國問題感興趣。而宋怡明雖然是研究明朝的學者，但他對當代的中國也頗感興趣，因此由他來擔任研究中心的主任，中心還是有希望的。另外，費正清中國研究中心現在所面臨的問題是學者太多了，難以管理。在費正清的時代，他知道每一個人的研究領域和進展，人與人之間也很熟悉，溝通也密切。幸而現在的主任是宋怡明，我把希望寄託在他身上。

中、日學生在哈佛

加藤： 至今有眾多的中國學生和學者曾到哈佛學習和研究，就如您告訴過我任仲夷的孫子任意曾在哈佛學習，還做過您的

研究助理。在您看來，這些來自中國的學者、學生對哈佛大學的中國研究起了什麼作用呢？據我觀察，包括哈佛的學者在內，波士頓地區大部分研究中國的學者基本上都有來自中國的博士生、研究助理等，他們可以幫助教授收集資料、翻譯材料等，應該能為教授們的中國研究帶來一些幫助。

傅高義：對，每一位學者都有來自中國的博士生兼研究助理。我們要了解中國學者的研究、中國國內的研究和學問，還是要通過中國學生作進一步的了解。坦白說，怎麼利用中國留學生來推進自己的中國研究對我們來說是一個很重要的問題。我們有一位學者名叫裴宜理（Elizabeth Perry），她就做得比較好，她在哈佛大學內算是一個跟中國留學生相處得很好的學者，她很積極，也很樂意和中國學生做朋友。另外一位我認為不錯的學者，就是法律系的安守康（William Alford），他也有很多中國學生朋友，他的妻子也是中國人，她的父親好像曾擔任過副省長。他自己和中國學生累積了相當的經驗，也很了解中國的法律及相關問題，所以他們二人與中國學生相處得很好。同樣，中國的留學生也希望我們可以幫忙寫推薦信，讓他們不論在學術生涯、或是回國找工作都可以較為順利。而我認為這種互助互利的關係對雙方都有好處。

加藤：　我在哈佛期間明顯察覺到，跟中國研究相比，在哈佛研究日本的學者，以及來哈佛留學跟做研究的日本人相對少得多。歸根究底是因為現在日本的重要性不如中國那麼明顯。您怎麼看日本研究和研究日本的學者在哈佛校園內影響力下降的情況？

傅高義：日本的影響力雖然沒有中國那麼大，但還是有的。例如我很敬佩的安德魯・戈登（Andrew Gordon），他的妻子是日本人，他為人非常不錯，也與來哈佛的日本學生做朋友，認真交流。哈佛賴肖爾日本研究中心也有不少做得很好的學者，並且有定期來訪問、學習和研究的日本人，也有

研究日本問題的博士生、博士後，他們跟這裏的教授很熟絡，大家一起研究日本。因此，雖然影響力和規模沒有中國研究那麼大，但日本研究在哈佛還是有一定的歷史，並扎根於此，至今仍然很重要。

傅高義私塾

加藤： 您這些年來一直組織 Vogel-Juku，中文名為「傅高義私塾」吧，目的就是讓身在波士頓的日本學生也能在異國他鄉大膽思考日本問題，並用英文討論的平台。我當年也曾參加過，當時參與的是安全保障議題組，我覺得整件事很有意義。您還會隨時給我們提供您的看法，我們也通過私塾認識了不少日本朋友，包括政府官員、學者、記者和國際組織官員等。每次在您家交流過後，我們都會去到哈佛廣場一邊喝酒一邊繼續討論，彼此之間建立了深厚的友誼，至今我們仍有聯繫，我每次回東京都會找機會和他們見面。聽說您也為中國學生提供了類似的平台，您能否講一講針對中國學生的「傅高義私塾」呢？

傅高義： 組織不一樣，情況也有所不同。目前在哈佛大學的社會系中，有十多位是來自中國的研究生。我與另一位負責中國社會的副教授，每個月都會舉辦一次座談會，和那些中國學生一起討論中國的情況。與為日本學生開設的「傅高義私塾」相比，這個座談會更具「學習性」，主要教導他們怎麼了解和研究中國問題。雖然組織的方式不完全一樣，但目標相同，就是通過提供這樣的平台，讓學生們能夠一邊認識朋友，一邊了解不同國家的情況。當然，如今還有一個重要的任務，就是培養人才。我是老人家嘛，培養年輕的學者也是我工作的一部分，而我也儘量和他們做朋友。

加藤： 我相信，在日本和中國都有大量傅高義私塾的受益者。您在私塾中給我們提出您的看法、建議，同時也很用心地聆聽我們的意見，我能感受到您把我們這些年輕人的看法各

情況，當作您研究日本和中國的素材和對象。我一直覺得您這個做法很務實，而且我認為沒有其他人像您一樣實實在在，定期把自己家裏的客廳開放給大家，讓眾人能夠一邊交朋友，一邊進行研究和討論，這可以説是符合您一貫重視的、用人的研究方法吧。

傅高義：我來講一講我是在怎樣的背景下成長的。我的父親是猶太人，他在年輕的時候前往俄亥俄州的小鎮開店，當時那裏的猶太人很少，他認為要想在那個地方扎根就必須好好做事，所以他認真地打好與顧客的關係，也經常邀請顧客到家裏作客。因此，他跟來買東西的顧客關係非常好，我就是在那個鋪子裏長大的。我記得，尤其是夏天，每當星期六下午放學回家後，我就會在店鋪裏幫父親工作。店鋪有十幾個員工，經營也尚算成功吧。我父親和我都把會前來光顧的客人當作朋友。

我很喜歡家鄉的小鎮，我與同學的關係也非常好，正好一個月前，我們舉辦了高中畢業 70 周年的紀念活動。上學的時候，我們有 100 個同學左右，如今還健在的約有 20 人，我們的關係至今一直很好。我和現任妻子在 40 年前結婚，她是在麻省的劍橋長大的，在那裏，我在街上碰到的都是陌生人，但在俄亥俄州的小鎮裏，我出門碰到的都是朋友。我始終覺得自己很幸運，在這麼好的大學裏工作，有這麼多的朋友，我能有今天的環境和地位，還能為中日關係做點事情，甚至作出貢獻，都令我感到驕傲。雖然我一般不會對外表示我對自己的事業和生活感到驕傲，但我心裏確實是這麼認為的，我對自己的人生感到自豪。

寄給尼克森總統的「秘密文件」

加藤：我看了您通過電子郵件發給我的文件，是 1968 年和 1971 年您作為哈佛大學教授就美國為什麼，以及如何跟中華人民共和國建交，給尼克森總統和基辛格博士建言獻策的信

件。看到那些「秘密文件」，我感到震撼和激動，那時作為年輕學者的您，已經那麼深入參與影響美國的對外決策，而且影響的還是美國怎麼跟中國建交如此具有歷史性的議題。特別是 1971 年 4 月份那封代表費正清先生等給尼克森總統所寫的建議信，更是由您來執筆的。

傅高義：對，那封信是我寫的。當時在哈佛大學研究中國問題的學者基本都認為，美國不能一直與中國沒有往來，美國應該與中國建立關係。美國和中國應該要縮短彼此的距離。這是當年我們這些研究中國歷史、社會、文化和語言等學者的基本想法。

加藤：您在 1971 年 4 月底寫了這封信，您和您的同事們，包括費正清主任，大概什麼時候開始認為和討論美國應該跟中國建立外交關係呢？要跟中國建交，就等於要跟台灣斷交，這也不是一件簡單的事情，而是需要戰略思想和長遠眼光的大事。

傅高義：我在 1961 年回到哈佛開始學習中文，研究中國後不久，已經覺得美國不能長期跟中國沒有外交關係。而美國應該怎樣跟中國建立關係，我們當時也不知道。我們那時覺得美國不能長期跟台灣保持外交關係，因為台灣不會攻擊大陸，國民黨已經失敗了，這一點已經很清楚。

1968 年底，尼克森當選美國總統，還沒有上台，我們幾個人便開會討論，決定寫信給他。當時有一個人叫 Mac Bundy，他曾擔任哈佛大學文理學院院長，後來從這裏搬到華盛頓，在白宮出任甘迺迪總統的顧問。然後，我們有一位「出了風頭」的同事叫 James C. Thomson Jr.，他曾在 Bundy 手下工作過，離開白宮後到哈佛任教中美關係史。他比較了解白宮裏面的運作，對此事也比較踴躍。我們十幾個人相對積極，費正清也參加了我們的討論會，當中還有法學院的 Jerome Cohen 和經濟學院的 Dwight Perkins。

我們總共開了兩三次會，討論怎樣寫信，後來決定由我執筆。1968 年約 12 月初時，我們給白宮寄了那封信。那封信的重點就是向尼克森建議，在他正式就任總統後，把握機會跟中國建立外交關係。那時候，基辛格（Henry Kissinger）已經被選定為尼克森的總統顧問。後來，我們從白宮那邊收到了回覆，他們感謝我們的建議，但並沒有進一步的行動，我們覺得白宮那邊的反應不大。

1970 年左右，我們又開始討論相關問題。有一天，我們和基辛格在哈佛俱樂部共進晚餐，他本來想談論有關中國的問題，但我們在整個晚飯過程中，一直批評越南戰爭的事情，基辛格感到有點不耐煩。飯局結束後，他邀請了包括我在內的兩三個人，私下談了五分鐘，問我們關於周恩來與中國的基本立場及政策狀況。後來，基辛格在自己的書中回顧，當時周恩來想與他談論的不只是台灣問題，還有整個世界的問題，對於這一點，我當時也意想不到。我主要考慮的還是台灣問題，我覺得對於中美建交來說，台灣確實是個大問題。基辛格認為我們幾位哈佛教授並不了解周恩來的真實想法和意圖，我們當時也確實沒有什麼途徑能夠了解周恩來這個人，因此只能通過閱讀報紙、雜誌等，間接地了解他的背景，了解中國。

加藤： 當時您在哈佛大學校園裏接觸到哪些中國報紙和雜誌呢？

傅高義： 主要還是《人民日報》。我在香港做廣東研究的時候看了《南方日報》、《羊城晚報》和《廣州日報》，在哈佛看的是新華社的英文版報紙和《人民日報》，我當時接觸到的中國報紙就是這些。我們在哈佛也看不到什麼秘密的材料，所以只能通過這些公開的材料來了解和判斷周恩來這個人，了解有關周恩來的基本歷史，包括他曾經在法國待過，50 年代在萬隆開會等情況。這些公開的事情我們都知道，但周恩來心裏怎麼想，我們是無法得知的。二戰時期，費

HARVARD UNIVERSITY
EAST ASIAN RESEARCH CENTER
ARCHIBALD CARY COOLIDGE HALL

JOHN K. FAIRBANK, *Director*
ALBERT M. CRAIG, *Associate Director*
EZRA F. VOGEL, *Associate Director*

ROOM 301
1737 CAMBRIDGE STREET
CAMBRIDGE,
MASSACHUSETTS 02138

April 27, 1971

President Richard M. Nixon
The White House
Washington, D.C.

Dear Mr. President:

I want to compliment you on your continued excellent responses to the current developments with mainland China. Your initiatives on the trade situation make it clear that you are willing to relax trade barriers. Your response to newspaper accounts of Vice-President Agnew's disagreement with policies shows that you and your administration are openly behind opening up more contact. Your willingness to meet with Chinese representatives shows your positive approach, and your willingness to let the Chinese decide whether they want to keep it on a people to people basis shows proper regard for their present public stance.

In my view the current Peking friendship offensive is timed to encourage the recognition of a single China, headed by Peking, in the United Nations and in other international bodies. It is an extremely delicate situation, for if the United States and other countries respond unfavorably the current thaw in relations may turn into a heightening of tensions that would keep American forces deeply involved in Asia for decades ahead, perhaps requiring the sacrifice of further thousands of American lives for conflicts that could be avoided. In view of past commitments the United States cannot support the expulsion of Taiwan from the United Nations, and because of this it may be impossible to reach a rapprochement with The People's Republic of China. If we are to have any hope of getting beyond this impasse, I think it essential: 1) to make it clear that the United States would not stand in the way of an agreement between Taiwan and Peking for unification of a single China under rule from Peking, 2) to use the term "dual representation" rather than "two Chinas," and 3) to be willing to accept gracefully a United Nations vote for an Albanian-type proposal that would give Peking the single seat of China even if we did not support it. If we were to do any less at this point, there is a serious danger that we can look forward to further hostilities between the United States and China once Chinese military capacities are further developed.

Sincerely,

Ezra F. Vogel
Professor of Sociology

EFV:als

1971年期間，傅高義代表哈佛大學東亞研究中心向當時總統尼克森建言獻策，表達如何處理與中國的關係。

HARVARD UNIVERSITY
EAST ASIAN RESEARCH CENTER
ARCHIBALD CARY COOLIDGE HALL

JOHN K. FAIRBANK, *Director*
ALBERT M. CRAIG, *Associate Director*
EZRA F. VOGEL, *Associate Director*

ROOM 301
1737 CAMBRIDGE STREET
CAMBRIDGE,
MASSACHUSETTS 02138

July 21, 1971

President Richard M. Nixon
The White House
Washington, D.C.

Dear Mr. President:

I want to join others in congratulating you, Mr. Kissinger, and your staff for the dramatic advances in normalizing U.S.-China relations. I know that you and your staff have given considerable thought to the problems involved and that considerable courage has been required to take these dramatic steps. I am particularly pleased that you moved with speed to prevent what might have been a serious stumbling block to this effort, to prevent the removal of weapons systems from Okinawa to Taiwan.

As you are undoubtedly aware, the Chinese press is continuing vehement denunciation of American imperialism even while introducing pictures of "American friends" to prepare the public for more U.S.-China contact. My own estimate, based on a reading of the Chinese press, is that there are many influential party leaders, including some of Mao's most devoted followers, who at this point constitute a more serious obstacle to a thaw in U.S.-China relations than opposition leaders in the United States. I mention this in the hope that U.S. representatives will not be disappointed if the Chinese show hesitation when it comes to the tough negotiations ahead. If the Chinese will not go as far as we hope in reaching concrete agreements, one cannot assume this reflects insincerity on the part of Chou En-lai and other Chinese officials who are reaching out to Americans in general terms. Rather it may reflect internal political pressures, causing the Chinese to move in a zig-zag fashion, or, as they put it, in "saddle-shaped" advancement. I passionately hope that these temporary problems will not interfere with the landmark efforts that you and your administration are taking to normalize relations with China.

Sincerely,

Ezra F. Vogel
Professor of Sociology

EFV:als

同p. 36。

正清曾在重慶的美國大使館工作，當時他在重慶見過周恩來，也見過喬冠華，雖然不太熟悉，但他説過對周恩來有一些印象。

加藤： 1968 年底至 1969 年初，就是尼克森總統上台前後所寫的那封信，反響不大。1971 年 4 月底，再次由您執筆給尼克森總統寫了一封信，我讀了之後覺得很有前瞻性。

傅高義： 我也忘了最終為什麼由我來執筆。當時在白宮負責協助國家安全顧問基辛格（Henry Kissinger）的人叫 John Holdridge（何志立），他懂中文，也在軍隊裏工作過，所以做事很認真，很有紀律。雖然他分析能力不及記性好，但還是一個「很聽話的好孩子」。

1963 年至 1964 年，我在香港的時候，Holdridge 在香港的美國領事館工作，所以我們那時候就認識了。當看到美國大使和中國大使見面，我們覺得兩國之間可能會發生一些變化，可能會開放中國和美國之間的關係等。雖然，當時我對中美關係的理解不是很全面，知道的並不多，因為我接觸不到政府的機密通訊、文件等，但我也曾想過接下來可能會出現的局面。

1970 年，當時在白宮負責中國研究的 John Holdridge（何志立），向時任國家安全顧問基辛格建議參與會議的人員名單。

不過，1963 年至 1964 年我在香港的時候，美國領事館的外交官和學者之間的關係非常密切，因為我們都想了解中國的情況。外交官對中國的了解比我們要多，因為他們能看到一些秘密情報，例如某個國家的大使在北京見了哪個中國領導人，某某國家的外交官在香港和美國外交官說了什麼等等。那些外交官也是大學畢業的，因為他們有關中國問題的知識和我們學者之間能產生呼應和互動，我當時能夠了解中國，就是從他們那裏獲得資訊的。

當時，對美國來說，了解中國最重要的地方不是在華盛頓，而是在香港。所以，當時香港總領事館的美國官員，比如 Charles Freeman（中文名叫傅立民，1972 年尼克森總統訪華期間負責翻譯的外交官）、Stapleton Roy（中文名叫芮效儉，美國前駐華大使）等，都特別能幹。

加藤： 當時 Holdridge 年紀跟您差不多，還是比您小？

傅高義： 他比我大十歲左右，後來也寫作和出版了一本關於他自身經驗的書，書中沒提及什麼秘密。

加藤： 我知道美國的學術界和政策界之間的關係很密切，也很有戰略性，這是所謂的「旋轉門」功能。不過，您當時要把信件寄到白宮，還是要通過一些人脈和關係吧！那麼您當時依賴的是在香港認識的 Holdridge 嗎？您當時認識基辛格博士嗎？

傅高義： 我當時並不認識基辛格本人，但我旁聽過兩三次他安排的小型討論課。他跟斯坦利・霍夫曼（Stanley Hoffmann）一起開了一門課，因此我知道基辛格，但他不認識我。當時我還是一名年輕的研究生，基辛格已經在教書了。不過，你也看到他後來給我回信時，用的是我的名字 Ezra，而非姓氏，這也看出了他對我的親切，所以後來我們總算是互相認識了。後來，我們八個人應基辛格的邀請，到白宮討論中國問題，以及基辛格到哈佛校園裏了解周恩來的過程中，我在其中也起了一些作用。

加藤： 基辛格博士在 1971 年 5 月 12 日給您回信，他在信裏表達了「感謝您的建議，非常有幫助，接下來形勢會變得更複雜，但希望您繼續提出意見，也希望我們早日一起工作」的意思。

傅高義： 我不認為我的信有那麼重要。除了我，白宮也收到其他幾封信，華盛頓的 Doak Barnett（筆者註：中國問題、中美關

係專家，曾在哥倫比亞大學、布魯金斯研究所、約翰霍普金斯大學等任教過）與白宮的關係更密切一些。

63歲到華盛頓當官

加藤：　您後來也在白宮與您哈佛的同事約瑟夫‧奈（Joseph Nye）教授一起工作過。

傅高義：　不是白宮，而是 National Intelligence Council（NIC，國家情報委員會），當時是由約瑟夫‧奈領導的，功能類似 CIA。在美國政府裏，做 Intelligence（情報）工作的除了 CIA 以外，國防部、國務院、財政部等也都有負責情報工作的部門，NIC 在它們之上。我是負責綜合分析情報的官員。當時，克林頓總統選擇奈教授做 NIC 的主任，而我和奈教授長期在哈佛做同事，也是很好的朋友，奈就讓我和他一起去華盛頓。他研究國際關係，而我研究東亞方面，但他也很關注東亞問題，經常從我這裏了解情況，所以他一直以來稱我為「老師」。他之前在英國做 Rhodes Scholar，比較熟悉歐洲經驗，但不了解東亞的情況，所以我鼓勵他多了解東亞，我們經常見面，我會和他分享日本和中國的事情。他去華盛頓當 NIC 主任時，在哈佛也只邀請了我一個。

NIC 的組織結構是，主任奈以下有 11 個人，有負責歐洲的、俄國的、非洲的、東南亞的。我是負責東亞的，其中包括日本、中國、韓國等，還有幾個負責美國國內的。我們每週見兩、三次面，12 人一起開會，一起討論全世界的問題。我看到東亞幾個國家的公開信息和材料，也能看到政府的秘密材料和報告。我這輩子能接觸到秘密文件就是在華盛頓任職的那兩年，其他時候都看不到，我沒有資格。我當時負責綜合分析的工作，如日本怎麼應對某種局勢等等。

當時擔任美國駐日本的大使是 Walter Mondale（筆者註：曾擔任過美國第 42 任副總統）。1993 年，美國國內還有很多人對日本經濟有意見，也反對日本，因為 1988、1989 年時，日本的確是很意氣風發的。但 Mondale 大使和我跟日本的關係都不錯，我們有共同的看法，於是成了好朋友，大家不僅是同事，還是「同志」。當我在 NIC 負責東亞事務期間，擔任駐華大使的芮效儉也是我的同志，他的哥哥在哈佛大學拿到了博士學位，跟我關係也很好，現在已經離世了。我跟芮效儉的關係也很好，跟當年駐韓大使的關係也不錯。他們的思想都比較開放，當年在華盛頓裏也有不少思想狹隘的人，雖然沒有現在這麼嚴重。他們在海外需要我在華盛頓匯總的綜合分析報告，所以我們保持了密切的聯繫。

加藤：　當時，您為什麼接受了這樣的一份工作？我相信，首先是約瑟夫・奈教授親自點名邀請您過去的。奈教授後來有很多關於東亞的言論應該是在與您交流的基礎上發表的吧。

傅高義：差不多是。

加藤：　除了因為與奈教授之間的個人關係，您當時暫時辭去哈佛的工作，前往華盛頓還有別的原因嗎？另外，這兩年工作經歷給您後來的學術生涯帶來了什麼？

傅高義：我學到了很多，可以了解外交工作、政府工作，以及跟國會的關係等。可惜，1993 年時，我已經 63 歲了，如果在更年輕的時候能有機會了解政府的對外決策等，那對我在哈佛的教學生涯會有很大幫助，也會提高我的分析能力。我與當時擔任日本駐美大使的是栗山尚一（Takakazu Kuriyama）很熟絡，常常見面。中國外交官方面，楊潔篪也在（筆者註：楊潔篪於 1993 年至 1995 年擔任中國駐美公使，擔任大使的是李道豫），我也經常和他見面，大概一個月一次。我也見了幾次周文重（筆者註：周文重

於 1993 年至 1994 年擔任外交部美大司副司長，1994 年至 1995 年擔任中國駐洛杉磯總領事）。還與韓國、越南等政府代表會面。華盛頓的氛圍跟波士頓不一樣，經過那兩年的工作，我還是覺得自己更適合做學者，因為我還沒有適應華盛頓的一些氛圍。這也是我在華盛頓工作之後的感受。

加藤： 總的來說，那兩年的經歷對您來說很難得吧？

傅高義： 是非常難得的經歷。當時所建立的人脈也持續到今天，比如 Mondale 請我到明尼蘇達州演講，我也有邀請他出席哈佛大學亞洲中心的開幕，我們之間一直有來往。

加藤： 還有芮效儉大使。我記得我離開哈佛前往華盛頓時，您給我一份可以交流的名單，芮效儉大使就是其中之一。我後來在威爾遜中心跟他見了面，他非常了解中國，也關心中國以及中美關係的未來走向。

傅高義： 對，我給你介紹過他。他是一個很能幹的人。我認為芮效儉是如今華盛頓最精通中國問題和中國政策的人。

加藤： 1971 年至 1993 年，從給白宮建言到在政府任職的這 22 年內，您也有機會給白宮及其他政府部門等建言嗎？

MEMORANDUM

NATIONAL SECURITY COUNCIL

EXECUTIVE

ACTION
November 24, 1970

MEMORANDUM FOR DR. KISSINGER

FROM: John H. Holdridge

SUBJECT: Your Meeting with U.S. China Scholars

I have informally discussed with Doak Barnett gathering a group of American academic specialists on China to meet with you as a follow up to your meeting of last year. We suggest that you invite the following, among whom are those who met with you last year:

Lucian Pye - Massachusetts Institute of Technology
George Taylor - George Washington University
Edwin Reischauer - Harvard University
Henry Rosovsky - Harvard University
Ezra Vogel - Harvard University
Michael Oksenberg - Columbia University

Oksenberg is a younger addition to balance off George Taylor on the right, and Vogel also represents a younger element; the others are comparatively middle-of-the-road in their writings on China, but hopeful of further U.S. initiatives. As you know, you have two China hands on your staff who would hope to join you.

RECOMMENDATIONS:

I. That you authorize me to arrange a suitable date through David Young for you to meet with the above cast of characters:

a. For luncheon in the Situation Room:

Approve _____ Disapprove _____

or

b. An evening gathering:

Approve _____ Disapprove _____

over →

1970年，當時在白宮負責中國研究的John Holdridge（何志立），向時任國家安全顧問基辛格（Henry Kissinger）建議參與會議的人員名單。

MEMORANDUM   Redo 28174

                    NATIONAL SECURITY COUNCIL

                                                    ACTION

                                                    May 7, 1971

MEMORANDUM FOR: DR. KISSINGER

FROM: JOHN H. HOLDRIDGE JHH/OK

SUBJECT: Reply to Letter from Professor Vogel
                   Expressing Support for China Policy

At Tab B is a letter to the President from Professor Ezra Vogel
expressing support for the Administration's China policy and
offering constructive comments as to possible future courses of
action.

At Tab A is a letter for your signature to Professor Vogel assur-
ing him that his views have been made known to the President and
expressing appreciation for his having written.

RECOMMENDATION:

That you sign the letter at Tab A to Professor Vogel.

同p. 43。

28174

THE WHITE HOUSE
WASHINGTON

May 12, 1971

Dear Ez:

The President asked me to express his
appreciation for your kind letter of April 27.
It was thoughtful of you to write.

Your comments and suggestions are most
helpful, and I hope you will continue to pass
them on to us. The issues will become even
more complex as we go along.

I hope we can get together again soon.

Warm regards,

Henry A. Kissinger

Professor Ezra F. Vogel
Harvard University
East Asian Research Center
1737 Cambridge Street, Rm 301
Cambridge, Massachusetts 02138

RECEIVED
MAY 1 4
CENTRAL FILES

Dispatched via Stripping Desk 5/12/71 (rb)

1972年，基辛格代表當時總統尼克遜向傅高義的提議表示謝意。

第二章

中美日，三國志

江澤民的哈佛之行

加藤： 傅老師，您在哈佛校園內見過不少日本和中國的領導人吧？

傅高義： 不少吧。

加藤： 我知道您見過村山富市、中曾根康弘等日本首相。您寫過鄧小平傳記，一般人都不敢寫地位這麼高的人物。不管是中國的領導人也好，還是世界上其他國家的領導人，我覺得您對於「領導人」三個字有着自己的想法。

我想問的是，您見過世界上那麼多的領導人，尤其是在日本和中國的領導人當中，有哪些人讓您印象深刻？我特別想知道關於江澤民的事情，您在 1997 年負責江澤民到哈佛大學演講的工作，當時正是由您來準備、組織及主持該演講。

傅高義： 邀請江澤民到哈佛演講一事，對我來說也是一個很重要的回憶。90 年代初，很多哈佛大學的老師對中國的領導人不太感興趣。不過，我當時的想法是，正因為 90 年代初是複雜和敏感的時期，所以才有必要請他到哈佛演講，以促進中美之間的相互理解和信任。後來，我獲得哈佛校長和一些學校高層的批准，才能落實此事。當時參與了這件事的中方人士，也知道我為了實現江澤民的哈佛演講做了不少工作。當時哈佛有一位教公共衛生的教授叫王甯（Wang Ning），現時在伊利諾大學當教授，有自己的研究室和四五個助理。他是武漢人，畢業於華中科技大學，他每年都會回武漢，在華科大也有自己的研究室。他當年已經是我的好朋友，他在中國人脈很廣，介紹的一些人也成了我和江澤民之間的橋樑。

為了邀請江澤民到哈佛演講，在前期的準備過程中，我特意多次飛往中國，就是為了說服相關人士。當時最讓我印象深刻的是事前的警備功夫，為了完善警備工作，

他們來了哈佛十多次，了解各種各樣的情況。中國政府、麻省，還有劍橋的警員，他們互相溝通怎麼合作，我認為那是非常複雜的準備工作。

我以前見過江澤民，對他有一定的了解，因此不會有太大的問題。舉辦那次活動，我還是有一定信心的，哈佛大學也很認真地進行了準備工作。演講那天，為了保證江澤民的安全，我們主辦方讓所有觀眾提前一個小時到現場就坐，並利用那一個小時，請哈佛四位研究中國問題的專家給觀眾介紹中國的情況，包括歷史、政治、經濟等方面。後來，校長及校方領導認為我作為負責人將時間運用得很好，不僅邀請了中國領導人前來演講，還通過專家對中國問題的介紹，提高哈佛師生對相關問題的理解，認識中國的氛圍。這也是活動取得成功的一個因素。

加藤： 演講是在甘迺迪學院舉辦的吧？我知道當時建築物的周圍有不少人抗議，也有很大的喇叭聲，江澤民應該也聽到這些聲音，但我後來看了中央電視台的報導，江澤民整個對話始終帶着微笑和幽默。在問答環節，對於哈佛學生提出的敏感問題，如他怎樣看待抗議的聲音等，他也幽默地回應了。我覺得那天整個活動的氣氛還是不錯的。您當時有何感想？

傅高義： 關於江澤民在哈佛演講的準備過程，還是有一些故事和背景的。無論如何，江澤民是樂意回答學生們提出的問題，我當時也跟中國駐美國大使館的人員提前進行了溝通，我對周文重（筆者註：周文重當時擔任中國駐美國大使館公使）說可能會有一些反對江澤民的提問，最好以幽默的方式回應。而江澤民當時也是這樣處理的，我覺得他那天的表現不錯。哈佛大學也做了非常好的準備，比如我們鋪設了阻隔外面抗議和喇叭聲音的設備。那天，我和江澤民之間也配合得不錯，畢竟之前見過幾次面，每次見到我，他都對我說「Old Friend！傅教授！」他也把我看作老朋友。

傅高義與中共前總書記江澤民的合照。

加藤： 您覺得江澤民最想傳達給哈佛師生的信息是什麼？

傅高義： 他想傳達的應該是中國還是一個開放的，可以與世界溝通的國家。江澤民曾跟我說過，之前他以類似科學代表團的身份來過哈佛，而是次演講是他第二次到訪哈佛。作為上海交通大學畢業的人，江澤民實際上是很佩服哈佛大學的，也對哈佛有好感。

印象深刻的中國領導人

加藤： 除了江澤民，不管是在哈佛、北京，還是廣東。還有沒有給您留下深刻印象的中國領導人？

傅高義： 任仲夷，我非常佩服他。他是 30 年代的知識份子，在北京念書，思想很開放，後來加入了共產黨。他參加過「一二•九」學生運動，也曾受到毛澤東的批評。他本來是遼寧省的書記，想推動開發區，但不獲批准，於是來到廣東。我在廣東做調研的時候，他是廣東省委書記。因為北京一些領導覺得他過於開放，並對此有所批評，為了避免來自北京的麻煩，他選擇不見我。他之後退下來，住在一家很好的醫院後，我們見了幾次面。

他有兩方面讓我覺得特別好，一是思想開放，有自己的世界觀。另一方面，他在廣東時特別保護自己的部下，當受到批評的時候，他始終貫徹下屬犯錯就是自己的責任的態度，所以下屬都特別感謝他。

另外，麻省和廣東省是姐妹關係，當時馬州的州長是邁克爾•杜卡基斯（Michael Dukakis），我認識他。廣東省的代表團訪問哈佛大學的時候，是我接待他們的，所以我還見過一些廣東的領導人，例如林若。一些我見過的領導人的子女，我後來在哈佛也見過和接待過他們。

加藤： 除了任仲夷，還有嗎？

傅高義： 張高麗吧。1987 年，我應廣東省政府之邀在廣東渡過了
7 個月，做廣東改革開放後的發展研究。邀請我的單位是
廣東省經濟委員會，當時擔任主任的人就是張高麗，那一
年，我在廣東與張高麗見過幾次面。後來他去深圳做了市
委書記，並在我到訪深圳時，陪我在當地逛了逛。再後來
他去天津做市委書記時，我們就再沒有見過面。倘若他是
我的學生，我會給他 B+ 的成績吧。他運氣好，起初在廣
東的一家石油廠工作，並當了領導，後來省政府需要提拔
年輕人，就剛好把他晉升為經委會主任，他挺有運氣的。
他和我當時相處的時間很多，所以我對他還是很了解的。
我覺得他很會人情世故。那時在廣東工作，經常有從北京
過來的領導，也是由他做接待領導的工作。我認為，他通
過接待的工作跟北京的領導建立了很好的關係。但如果要
問他很詳細深入的問題，恐怕他未必適合。

我在廣東接觸了幾類不同的領導人，有的思想開放、保護
下屬，也接觸過擅長人情世故和善用人際關係在職場上發
展的人。

另外，我想特別提及一個讓我留下深刻印象的人，他是
我 1987 至 1988 年在廣東時，擔任經委會副主任的人。他
很聰明，解放前曾在北京的燕京大學念書，思想開放。在
廣東期間，北京的領導充分利用了他的才幹，因為廣東需
要推動改革開放和市場經濟，而他解放前就在燕京大學學
習過經濟學，包括市場經濟方面的知識，北京特別需要像
他那樣有知識和思維開放的人在廣東工作，以推動廣東發
展。當時我在廣東能感覺到，懂得市場經濟的官員不多，
甚至幾乎沒有。他當年是經委會的副主任，我跟他很熟
悉，他也是竇新元的上司。如今，他已經去世了。當時，
我在廣東調研的 7 個月裏，有機會到訪廣東各處，進行實
地考察，那個副主任就安排了一名幹部一直陪着我，這個
幹部就是竇新元。

加藤： 原來如此。我 2012 至 2014 年在哈佛期間，曾於您家中見過寶新元先生，我後來也與他見面，能感覺到他的思想很開放，很認同和支持您的工作，對於中國未來的政治、經濟發展，他也表達了自己的思考和擔憂。我跟他聊天很愉快也很充實，他也是我在哈佛期間給我留下深刻印象的中國人之一。我這次來到這邊才知道寶先生去世了。

傅高義： 對，我給你介紹過他。很可惜他已離逝。

加藤： 您在廣東有沒有見過習仲勳？

傅高義： 沒有，因為他到廣東工作的時間比我去得早，他是 1980 年的時候在廣東。我那年曾在中山大學待過，但沒有機會見到習仲勳。

加藤： 不管是 1980 年還是 1987 年，您在廣東有沒有聽過官員、學者等對習仲勳的評價？

傅高義： 有一些。中央曾給他一些機會，負責推動廣東的工作，但聲望不如楊尚昆。楊尚昆認識鄧小平，他們二人很熟絡。就推動廣東的工作而言，楊尚昆的作用比習仲勳更大，這是我當年與當地的官員、學者等交流後所得的看法。總之，我認識的領導和幹部都有不同的個性和能力。

還有一個人讓我印象深刻，他是汕頭的官員，地位不高，吃過很多苦，但他原是知識份子，很了解當地的實際情況，表達能力也很強。他給我介紹汕頭的情形，而我也通過他了解到汕頭的實際情況。所以，我的經驗是，對於不同背景、地位、個性的人，不管是領導層還是一般官員，都要運用不同的方法和策略去打交道，然後盡可能多方面地了解中國的實際情況。

印象深刻的日本領導人

加藤： 您也見過不少的日本領導人，畢竟見日本領導人比見中國

領導人容易得多。您説一説三位給您留下深刻印象的日本
領導人吧，不管他是因為推動了日本的發展，還是因其個
人魅力。

傅高義： 第一個是中曾根康弘（Yasuhiro Nakasone）。他是個很能幹
的人，也很了解日本的實際情況。1950 年左右，他在哈佛
逗留了兩三個月，應該是基辛格領導時期，當時我還未認
識他。二戰期間，他參加過軍隊，所以了解軍隊的作用。
他也在內務省工作過一兩年，所以他對行政方面的工作也
有相關的知識和經驗。在我看來，他是一個比較自信的
人。他來到哈佛後，眼界打開了，對外交事務也產生了興
趣，能與外國人交談。1970 年代，他來哈佛舉辦了一場演
講，他不懂英文，所以由別人負責翻譯，但聽眾都覺得他
很有頭腦，也很會分析問題。我對他的印象很好。

加藤： 第二位呢？

傅高義： 大平正芳（Masayoshi Ohira）。賴肖爾擔任美國駐日大使
的時候，跟大平關係最好。大平是基督教徒，中學也是讀
的基督教學校，賴肖爾欣賞大平，我估計信仰是其中一個
原因。大平説話很有特點，但他有時説話不是很清楚，我
們聽得有些吃力。他很有魅力，思想也開放。他與學者保
持密切的聯繫，如佐藤誠三郎（Seizaburo Sato），這些學者
對他而言，就像智囊團一樣，合作得非常好。我跟佐藤先
生也是好朋友，所以經常從他那裏聽到大平的故事。他有
自己的目標，也很聰明，他從政前曾在大藏省（筆者註：
後來改名「財務省」）當過官員，當時能通過國家公務員
考試並進大藏省的人，都很有智慧。但他不是一個自滿的
人，而是簡單、純粹、樸素的人。所以，除了工作能力
外，我也很佩服他的為人，對他印象不錯。

加藤： 傅老師喜歡能幹、有自己想法、人格又好的人。那第三位
呢？

傅高義： 第三位，雖然我沒有見過，但我會選擇田中角榮（Kakuei Tanaka）。我們不是同類人，他不是學者，但我對他很有興趣，他很能幹。

加藤： 是。他小學畢業，別說大學，連中學都沒上過。

傅高義： 對，但他對政治、經濟等各方面都很了解。而且，他是一個能想辦法解決問題、推動事情前進的人，我很佩服他這一點。

加藤： 其實，您提及的大平正芳和田中角榮正正是當年推動日中邦交正常化的兩個人，當時田中擔任首相，而大平出任外相。雖然當年的橋本恕（Hiroshi Hashimoto）、栗山尚一等外務官員也做了許多有意義和價值的工作，但假如沒有田中和大平的政治領導能力，恐怕難以推動日本和中國的關係正常化。您覺得呢？

傅高義： 我同意，很難達到。

加藤： 今年正好是日中和平友好條約四十周年，現在看來，田中和大平在日本對華關係方面的貢獻是具有歷史性的。您佩服的兩位首相都跟中國有關係。

傅高義： 是的，中曾根也是，他當年與胡耀邦的關係很密切，也為推動日中關係的發展作出了貢獻。當然，我選出這三位，不一定是因為他們與中國的關係，我並沒有特意考慮中國的因素，但這三個人的確與中國有很重要的連繫。

日本需要什麼樣的領導人？

加藤： 我們以前在這裏見面討論問題時，經常涉及日中關係的議題，例如怎樣解決問題、改善兩國關係等。您時常提及日中之間需要能促進溝通和協調的管道，這需要兩國領導者互相理解與信任。您剛剛提到的田中角榮和大平正芳都不會中文，但他們還是跟毛澤東、周恩來等建立了深厚的情

誼，通過最高領導人之間的碰面和理解，推動了日中兩國實現邦交正常化。我看當時的情形大概符合您的思路，即通過建立情誼來推動關係的發展。40多年過去了，按道理，時代在發展，智慧在深化，方法在增加，那麼日本和中國之間通過建立情誼來達到促進關係和解決問題的方式，現在還能看到嗎？

傅高義：現在似乎沒有了。其實，田中和大平在二戰之前去過中國，並逗留了一段時間，他們在中國也認識了一些人。像大平那樣的好人還是能在中國交到朋友的，而田中的學習能力很強，所以他學會怎樣與中國人打交道。雖然二戰期間，日本和中國是敵人，但他們對中國是有感情的，也有中國朋友。如今，再沒有領導人像他們那樣曾經在中國待過。林芳正（Yoshimasa Hayashi。筆者註：日本參議院議員，曾在哈佛大學甘迺迪學院留學，至今擔任過防衛大臣、農林水產大臣、文部科學大臣等）可以做這件事情，但他在中國的實際經驗既不如大平，也不如田中。

加藤：　我曾在日本不同的場合中，多次與林芳正先生交流。他對中國很了解，也有自己的一套想法，他希望為日中的關係做點事情。雖然沒有在中國生活過，也不會中文，但他曾在哈佛大學留學，這一點也有助他與中國人打交道，畢竟哈佛大學在中國很有名氣和分量。與他討論中國時，我提到一些領導人的名字，大概是和當中某些領導人曾經交流過，所以他對此也有自己的理解和分析。若他能在日本政府裏直接負責對華關係的工作，如擔任外務大臣，那對日中關係可能也會起到積極作用。您覺得呢？

傅高義：我同意。他在哈佛甘迺迪學院念書的時候，我已經認識他，亦有交流過。現任外務大臣的河野太郎（Taro Kono）也不錯，還有武見敬三（Keizo Takemi）也挺好的，他是醫學方面的學者，也在哈佛大學待過。不過，就推動中日關係而言，還是林芳正最適合、最有潛力。您覺得還有哪些人比較好？

加藤： 我也覺得林芳正最好。另外，岡田克也（Katsuya Okada）亦不錯，他在民主黨執政時期，曾擔任外務大臣，做事很認真。我上次在東京與林芳正、岡田克也兩位先生專門討論了中國問題，岡田克也對日中關係和對華政策很有興趣，也想為此做點事情。

傅高義： 我跟岡田克也很熟絡，他在哈佛的日美中心工作過，當時我是該中心的領導人，所以我們經常有交流，我很喜歡他。他做事認真，但有些死板，不像政治家，反而像是官員。他原本也確實是個官員，曾任職於通商產業省。你說得對，他很認真、能力強、很可靠，是個可以一起共事的人，但他不是很熱心，缺乏點人情味。相比之下，林芳正更熱情，更有人情味一些。你覺得還有哪些人呢？我想更多的了解到目前日本有哪些人才，也想聽聽你的意見。

加藤： 我暫時也想不到其他人。但日本的年輕一代，比如我當年在哈佛認識，曾一起共事的年輕外務、經產官員等，當中的人才很多。他們很有能力，有理想和抱負，年輕官員中有不少人也會中文，有的中文水平特別好，溝通能力和國際視野都比較可觀。不過，他們還年輕，沒有太大的知名度和影響力，將來他們能否獲得機會來發揮自己的潛力，目前也不好說。我很擔心有能力、有抱負、有態度的人會懷才不遇，這對日本未來的發展很不利。

傅高義： 嗯。比如在我的私塾裏有很多有能力的人，但他們將來怎樣發揮作用，確實不好說，仍存有變數。

加藤： 傅高義私塾培養了不少日本的人才，剛剛有三位私塾新學期的幹部到訪這裏，我也聽到您們之間的對話，傅老師鼓勵他們應大膽地思考關於日本未來發展的大問題，並且不要糾結於狹隘的思維和價值觀。我想知道，從日本未來發展的角度，您覺得日本未來需要怎樣的領導人呢？比如，您提到的中曾根康弘，我也很敬佩他，雖然他不會外語，但在國際會議等場合，他表現得很自信，就像武士一樣，

姿態一點也不遜於那些西方的領導人，我認為日本需要這樣的領導人。另外，還有宮澤喜一（Kiichi Miyazawa）首相那類的領導人，屬於國際派，英文特別好。

傅高義： 我與宮澤喜一很熟絡，他的英文很好，天天讀英文報紙，但他還是一個小人物，沒到當領導人的位置。宮澤喜一的侄子宮澤洋一（Yoichi Miyazawa。筆者註：1950 年生，日本參議院議員，屬於自由民主黨，曾在哈佛大學甘迺迪學院留學，當過大藏官僚）我也很熟悉，他在哈佛大學學習兩年，後來某年夏天，我正好去日本，他說可以用他的房間，我也通過他認識了宮澤一家人。不過，他們均是官員型的人，官員和政治家是不同的。日本有不少的年輕人才，問題是怎麼培養他們。

加藤： 您覺得應該怎麼培養？

傅高義： 應該由一些長輩來支持年輕人，給他們提供機會，比如推薦他們到外國留學、考察，到中國、印度、新加坡等地方參加國際會議，發表作為日本人的看法等，這是一種栽培年輕人的方式。我不了解現在的情況，我也不知道現在的長輩有沒有好好栽培年輕人。其實，本來自民黨內的派閥（Habatsu）是具備培養人才的能力的，但今天派閥的功能削弱了很多，所以不知道現在日本的政治到底是如何培育年輕人才的。

加藤： 我不認為日本的長輩正在用心栽培年輕人，他們還是忙着自己的事情，沒有時間和精力培養年輕人。

傅高義： 也沒有人栽培小泉進次郎（Shinjiro Koizumi）吧？

加藤： 雖然沒有政治家栽培他，但整個日本社會一直都在培育他。我看他很大機會成為日本未來的首相。我身邊也有一些相對年輕的學者、企業家等，經常與小泉見面交流。而最近與他討論了國際問題的國際政治學者對我說，小泉進次郎實際上沒有什麼個人的理念和想法，但如果有人給他

建言獻策，他就會馬上吸取這些建議，將它們轉換成更多自己的觀點，並向選民表達出來。他這方面很有天賦，但是沒有自己的國家戰略、理念等。

傅高義： 就是沒有自己的理念和想法。中曾根康弘和岡田克也都是有自己的想法的政治家。

加藤： 但岡田先生似乎不太善於表達，表達能力和個人魅力不如年輕的小泉進次郎。

傅高義： 也是。武見敬三則比較自信，也有自己的思想。我不知道中曾根康弘的兒子怎麼樣。我見過他，但不太熟絡。

加藤： 中曾根弘文（Hirofumi Nakasone），他擔任過外務大臣，我沒有見過他，但我感覺他沒有其父親作為政治家的威望。

傅高義： 那太可惜了。中曾根康弘沒有培養自己的兒子呢。

加藤： 我認識福田康夫（Yasuo Fukuda）的兒子、福田糾夫（Takeo Fukuda）的孫子──福田達夫（Tatsuo Fukuda）。他 50 多歲，比小泉進次郎大 10 多歲。這些人在日本都算是年輕一代的政治家。我們圍繞中國問題進行過交流，我覺得他還不錯，表達能力和學習能力較強，個子也很高，應該比其父親高，但他還是更像官員一些，而不像中曾根康弘那樣像一位有威望的武士。在日本從政的人，一種是像小泉、福田這樣的二代，另一種則是官員出身，但他們似乎都沒有因為作為政治家或領導人而被培養。

傅高義： 嗯，我同意。在我看來，武見敬三、岡田克也都有一些成為中曾根康弘那樣有威望的政治家的潛力，他們比較自信，亦有個人的思想，但還是有些不足。日本確實缺乏這方面的人才，也沒有好好培養未來的政治家和領導人。在我編寫中日關係的書的時候也思考過，伊藤博文（Hirofumi Ito）、山縣有朋（Aritomo Yamagata），還有曾擔任駐美國和中國公使的森有禮（Arinori Mori），這些明治時代的人在

傅高義與日本首相安倍晉三的合照。

我看來都是武士，他們有開放的思想、廣泛的視野，與中曾根康弘是同一類人。

加藤： 今年是日本平成時代的最後一年，2019 年日本就要換國號了。近年來有很多討論「平成維新」的人和機會，我能明顯感覺到，人們對明治維新時代是有情懷和激情的，大多數人還是帶着一種敬佩和羨慕的心態回望和討論明治時代。比如很多人都喜歡看電視台播放坂本龍馬的時代劇，亦有很多人關注坂本龍馬（Ryoma Sakamoto）、吉田松陰（Shoyin Yoshida）、伊藤博文這些活躍在明治時代的人，他們會學習和參考當年是如何改革國家，如何向西方學習，如何推動富國強兵和文明開化。

傅高義： 這個我原本不知道。這是很好的事情。

加藤： 嗯，説明日本人還是有一定改革的決心，不過問題在於他們只是停留在羨慕，頂多是思考和討論的階段，似乎沒有人付諸行動。所以，當代的日本人整體還是缺乏那種骨氣和勇氣，總是思考，從不行動。

傅高義： 這還是跟怎麼培養人才的問題相關，我很關注及擔心日本這一點，我還是認為派閥會是一個可能、可行的平台。我在哈佛至今也認識了不少可能成為政治家的日本年輕人，但據我觀察，他們總是受到阻撓，很難出頭，這很可惜。我看安倍晉三算是一個被栽培的人，他身上也有一些武士的威望，不過日本還是缺少這樣的人才。至於怎麼培養人才，我也會繼續思考。

日本應該修改憲法嗎？

加藤： 展望日本政治的未來和走向，《和平憲法》的問題是離不開的。《和平憲法》的起草和制定，確立了戰後日本的基本國策和道路。今天不少人主張日本應該修改憲法第九條，在國際社會上做更多的事情，也有像石原慎太郎（Shintaro

Ishihara）那樣指責現行《和平憲法》的日文很糟糕的人。
總之，有些人主張維護，有些人主張修改。您怎麼看？

傅高義： 我認為放棄《和平憲法》和修改第九條是不必要的。不
過，自 1952 年以後，美國一直控制着日本，不讓日本變成
「大人」，也不讓日本獨立地發揮作用，就如當年的尼克森
和佐藤榮作（Eisaku Sato），明顯是控制和被控制的關係。
今天特朗普上台，他是一個不像樣的領導人，所以日本跟
特朗普打交道的過程中，可能會出現一些不同的想法和作
為。

不管怎麼說，我認為日本接下來在維持日美同盟的前提
下，會變得更加獨立，日本的領導人也會擴大其影響力。
雖然這些改變與《和平憲法》沒有關係，但關乎到日美
同盟的情況。我很好奇，當時中曾根康弘、大平正芳等領
導人有自己的學習小組，並通過小組來學習知識、制訂政
策，但現今的領導人好像沒有這樣做，河野太郎可能就是
這類政治家吧。我覺得日本的政治家應該好好利用學習小
組來經營政治，這樣有利於擴大其影響力。

加藤： 2020 年，日本要再次主辦東京奧運會了。如何在國際社
會上提高我們的影響力及發聲，的確是一個問題。如今日
本的國會、政府、社會中，都有很勤奮的人，但他們關注
的基本都是較細小的事情，例如技術性、程式性方面的事
情，而從戰略性和大局的角度想問題和做事情的人還是不
多。

傅高義： 對。他們擅長做細小的事情，而做大事方面較為遜色。

加藤： 如今的政界沒有培養人才，企業也沒有栽培真正的領導
人，他們培養的是聽話的好員工。日本社會缺乏了培養領
導人的土壤。

傅高義： 以前索尼、松下、本田等都會培養領導人，如索尼的盛
田和夫（Kazuo Morita）、松下的松下幸之助（Konosuke

Matsushita)、本田的本田宗一郎（Soichiro Honda），他們是真正的大人物和領導人，他們創辦公司並且培育人才，而其他官僚主義的公司則不太重視培養有創造力的人才。

安倍晉三與日本夢

加藤：　中國人民解放軍大校 、國防大學教授劉明福認為，日本如果要實現日本夢，就必須獨立起來，廢除《日美安保條約》，把美軍趕走，並武裝自己，這樣才能實現中日友好、世界和平的目標。在我看來，日本大多數的老百姓覺得，日本夢經過日本人戰後的努力和積累，已經逐漸實現了，而且如今可以安定地過日子，其實已經足夠了。我也同意您的看法，日本應該堅持《和平憲法》，維持日美同盟，讓老百姓安居樂業，同時盡可能地擴大自己的影響力，發揮更大的作用，這是我們接下來該追求的日本夢。您怎麼看日本夢呢？

傅高義：　我和你有相同的觀點。日本人的目標基本達到了，就是比較安定、舒適地過日子，並得到來自世界的尊敬，但在擴大日本的作用、位置、影響等方面，至今還沒有實現。日本人需要的是小夢，而不是大夢，國內的情況已經足夠令人滿意，但在國際上的作用和影響力還可以擴大一些。

現今的中國還是有不少人對於現狀感到不滿，並批評政府，中國政府也為此而着急，不知道接下來會發生什麼事情，所以中國需要一個夢。而日本人已經沒有那種不滿了，沒有人要起革命，生活環境、社會組織已經達到令老百姓滿意的程度，日本的政府和領導人也不是為了自己，而是為了整個社會和組織工作。

加藤：　您認為安倍晉三首相應該向國際社會提出一個「日本夢」嗎？2013 年，安倍首相上台後，在訪問華盛頓期間，曾於一家著名智庫 —— 國際戰略研究所（CSIS）做了一場演講，題目是「Japan Is Back」，即日本歸來。他的意思是「我

已重新回到首相的位置了，日本國也可以重新歸來」，但他沒有具體説明回歸到什麼年代，他可能想像的是 1980 年代。他在演講中並沒有提及「夢」一字，但我認為「日本歸來」對安倍首相來説，就是一種「日本夢」。

傅高義： 我記得當時的演講稿是由一位經濟產業省（METI）的官員所起草的。METI 的人能夠相對全面地考慮日本在國際社會上的作用，以及思考如何擴大日本的影響力。我曾經也跟 METI 的人打過交道，我覺得他們是日本政府中最積極的，可以從全世界的角度考慮日本的作用，而外務省的人更集中於考慮如何處理好雙邊關係等，是在現有的框架之內思考問題，當然也包括我曾經提到的岡本行夫（Yukio Okamoto。筆者註：前日本內閣總理大臣助理）、田中均（Hitoshi Tanaka。筆者註：前日本外務審議官，等於中國外交部副部長）那樣可以從大局和戰略的角度考慮和表達日本立場和利益的人。但這類人才主要出現在 METI 裏，而外務省內的相對較少。

中國應該繼續「韜光養晦」嗎？

加藤： 今天的中國，無論是打開電視看新聞聯播，還是走在街上，或參加會議、活動等，都能看到「中國夢」，即中華民族偉大復興無時不有、無處不在，您如何看待這種籠罩在中國的現象？

傅高義： 他們不太談論夢的內容，只是主張自己是個偉大的國家，但具體的夢是指什麼呢？我了解的不是很詳細，但在我印象中，他們對於內容的談論不太足夠。比如，早前中國與菲律賓、印度、日本的關係很差，但最近出現好轉，中國政府把這種外交關係的改善看作「中國夢」或其中的一部分，這樣的話就比較具體了。但他們現今主張的「中國夢」並沒有什麼具體的內容，只是強調自己的偉大性和重要性而已。再説「一帶一路」，雖然中國的領導人和政府經常

提起，但我並不清楚它具體要做什麼。中國提出很多抽象的概念和口號，但它們具體指的是什麼，仍然不太清楚和明確。

我覺得就定義和討論「中國夢」而言，大國關係很重要，要是鄧小平還活着，我認為他會重視和處理好大國關係。比如，中國積極派船到尖閣諸島或稱釣魚島，把本國的軍隊派到海外去，這會使外國感到害怕。而對於非洲、南美等地方而言，中國利用自己的經濟力量來控制當地社會的經濟，他們也不會接受。當然，中國也有一批領導人或官員，比如在哈佛學習過的人，會想辦法盡可能適應當地的社會。

加藤： 鄧小平當年很重要的思想或戰略就是「韜光養晦」。他推動改革開放需要外資的協助，所以需要穩定大國關係，於是就沒有積極、強硬地主張對外權益。今天，中國國內對於「韜光養晦」似乎有許多爭議。有人主張中國已經成為大國，不需要「韜光養晦」了；有人則主張中國應該繼續「韜光養晦」。您怎麼看？

傅高義： 我認為中國應該繼續「韜光養晦」。中國國內的確有一批人覺得「韜光養晦」已經過時，不需要了。我們看到中國的經濟、軍事等方面都在發展，海外影響力也在擴大，但中國保持謙虛總比變得驕傲更能保障利益。在您看來，今天中國國內支持和反對「韜光養晦」的人，比率大概是怎樣的？

加藤： 由於習近平的權力很集中，所以政府官員基本都是聽從他的。那麼看看中國國家領導人所說的話和做的事情，包括：一帶一路、中華民族的偉大復興、中國特色的大國外交……聽起來似乎離韜光養晦越來越遠。軍隊應該是支持不要韜光養晦的；而外交部則有些不同的意見，有幾位外交官向我表示中國外交需要繼續韜光養晦；知識份子方面，我覺得一半一半吧，一半認為仍然需要，一半認為已

經過時，應該要有所作為。但我認為如今在習近平的高壓政治下，連「韜光養晦」這詞彙都快成為禁忌了，即使黨的最高層並沒有明確指出不能討論，但官員、軍人、學者等為謹慎和自保起見，都不敢提出和討論相關的概念。

傅高義： 我認為，有些知識份子的説法和做法是為了討好上層，並為了得到提拔而表現出來的。他們骨子裏怎麼想和實際表現可能有一些距離。比如胡鞍鋼的言論，就是阿諛奉承之辭。我希望學者為了奉承而表現出來的思想，他們心裏所想的是不一樣。

加藤： 如果是在美國或日本，學者怎麼想就怎麼説。今天中國學者想的和説的往往不相同，但如果學者只想而不説，那就沒什麼意義了，只有把想法説出來，才能影響決策和輿論，進而推動社會進步和啟蒙。觀察現今中國的知識份子如何看待中美貿易戰，我覺得大部分的學者主張不要向美國妥協，應該通過好好應戰來確保中國的利益和尊嚴。看看習近平和王毅的表現，也是本着中國特色的大國外交，就是要比以往更加積極地發揮中國的作用，甚至領導地區的發展。依我解讀，「中國特色的大國外交」的做法已經間接地否認或放棄「韜光養晦」了。學者不會説中國不要「韜光養晦」，但實際上就是這個意思，他們認為中國應該有更大的作為和影響。這是我的解讀。

傅高義： 他們所説的話和骨子裏的想法是兩回事。我見面交流的人不多，基本都是在海外學習、研究、生活過的人，所以不一定能代表整個中國學術界。不過，我估計，中國如果將來經濟下滑，遇到一些問題，或是與外國的關係變得緊張，中國也會做出一些妥協，知識份子也會表達一些不同的聲音。我是這樣希望的，或許太樂觀和簡單了。

加藤： 所以中國很多事情的發展，還是受其經濟所影響。一旦經濟下滑了，很多人失業，甚至走投無路的時候，黨和政府可能會從改善對外關係來支撐經濟環境的角度做作出妥

協。但也可能因此對外強硬，煽動民族主義，轉移百姓視線。

傅高義： 從「文化大革命」到改革開放，並沒有經歷很長的時間，但那些人所說的話卻如此不同。所以，中國的環境改變了，人的表演也會跟着變化，這是歷史告訴我們的。通過明治維新，日本變得越來越有自信，例如後來更入侵中國、沙俄。日本當年的例子是個深刻的教訓，中國應該吸收相關經驗，不要太過自滿。

加藤： 不少經歷過二戰的日本長輩曾對我說，他們擔心中國會走當年日本的路。當年的日本，國家強大以後，便開始對外擴張權力，並訴諸利益。在此過程中，軍隊失控，文官體制崩潰，知識份子無所作為，民族主義和民粹主義不斷被煽動，對外侵略，然後失敗，最終導致國家崩壞，社會混亂，這是個深刻的教訓。經歷過這些事的人看到近來中國的發展，自然聯想到當年日本的情況，並擔心中國會不會重蹈覆轍。您怎麼看？

傅高義： 對。等到明年出版中日關係那本書後，我應該有機會發揮自己的影響力，我希望告訴中國人不要走日本當年的路，要吸取歷史的經驗。希望到時能有這樣的機會，作為客觀的旁觀者，告訴中國絕對不能重蹈日本的覆轍。

加藤： 您覺得中國會面臨這些危險嗎？

傅高義： 有這個風險，所以應該要小心。

美國夢還在嗎？

加藤： 習近平剛出任國家主席不久後，便訪問了美國加州，並跟奧巴馬總統見了面。當時習近平表達了「中國夢與美國夢是相通的」、「太平洋足夠大，能夠容納中美兩大國」這樣的話，各地人士為之震撼。您覺得他的說辭有道理和說服力嗎？另外，美國夢要不要害怕中國夢？

美國夢是很清楚的：自由、人權、個人主義、法治、平等、獨立……美國夢最大的標誌和證據就是自建國以來，從全世界吸引了無數的移民，他們歸根結底是為了追尋美國夢而來到這個國家的，包括今天來自中國而來的大量移民。當年，您的父母也是從歐洲移民過來的，所以對於美國夢與移民立國之間的關係，相信您有切實的感觸。美國夢不僅是口號，更是具體的做法。

傅高義：美國夢是我從小至今一直追求和培養的。但最近，很多美國人對祖國感到失望，美國夢也算是失敗了，我們的國家也在失敗。不是所有人，但有些人認為現在的美國夢已經沒有了。很多人失業，中國的經濟會超過我們，我們對待伊拉克和敍利亞等地的方式也做錯了。我們的經濟本來一直是第一，但現在看來不行了；本來只有我們能做的事情，現在很多國家也能做到，我們的地位自然降低了。

從以前到現在，夢是很清楚、很樂觀的，但如今我們覺得難以實現和維持原來的夢想，自己的夢能否繼續實現下去也不好說。今天的美國，也有人是沒有夢的，在這樣的情況下，有一批人宣導依靠軍隊，向中國宣示「我比您大，您不能打倒我」，我覺得是不合適的。美國現在軍隊的預算太多，從而導致財政赤字不斷增大。很可惜現今的美國沒有合適的領導人向社會樹立新的、可實現的夢想。

二戰後的英國失去了本來的殖民地，其事業也變小了，我相信當年英國也很難過，但沒有辦法。如今，美國正在走這樣的道路，二戰後是我們領導全世界，但現在已經失去了這個地位。今天的美國應該在全面考慮美國和世界各國的實際情況下，定下新的夢想。

今天的美國，貿易不平衡、移民等問題嚴重，作為一名社會學者，我承認這些問題對美國人追求和實現夢想的影響是相當大的。所以，我們應該創造新的夢，符合我們能力的夢，我認為這種夢應該建立在跟中國、日本等國家合作

的前提下，而美國應該降低自己在全世界的地位。此外，必須承認和記住，打仗是錯誤的，我們在伊拉克、敍利亞開戰也是錯誤的，我們沒有那個能力，戰爭不是好的辦法。美國不應繼續打仗，要改變自身的政策。

到目前為止，我們還沒有找到新的、符合自己能力的夢想，也沒有合適、合格的領導人，雖然他們在選舉時強調美國應該怎麼樣，但我們也不應放棄維護自己的理想。

我也很關注移民問題，尤其在英國「脫歐」以後。移民人數太多，國家是難以承受的，不僅是美國，全世界都是如此。每一個國家能接受多少人移居，是要經過謹慎考慮和決定的，人數當然不能太多。選擇「脫歐」的英國，以及德國的移民數目都太多。現在看來，日本的移民政策似乎是比較合適，把人數控制在一定程度似乎最為穩妥。

加藤： 您覺得美國接下來不應接受太多移民？

傅高義： 應該要有限度和減少一些，這是不可避免的事。原本美國的產業是世界第一，但現在日本很多產品的品質超越美國，中國的技術也慢慢提高，並把相對便宜的貨品賣給我們，美國經濟的影響力也隨之下降。在新的趨勢下，我們要按實際情況適合自己力量的、可持續的、新的夢。

不過，美國知識界的夢還是可行的，大學、學界、學者都是有夢的。縱觀全世界，知識界的領頭羊還是美國，這個優勢和夢想應該堅持下去。由於中國知識界仍然有限，也不對外公開。所以，我們應該在相關領域繼續領導全世界。

加藤： 從知識界、大學、學術的角度出發，美國仍然可以領導全世界，追求美國夢。對中國夢感到失望和無奈的中國學子，紛紛來到哈佛等美國大學追尋美國夢，他們認同美國大學的開放思想、學術自由、機會平等。我相信即使美國夢受挫，至少還可以在校園裏繼續追求和實現夢想。

傅高義： 即便不是哈佛，也有史丹福、加州、MIT（麻省理工學院）等大學。在這些大學裏，美國夢是可以繼續實現的，目前還沒有其他國家能達到我們的水準和能力。這是我的判斷。

但就國家層面而言，我們還是要改變自己，尤其是在軍事方面的政策，攻打伊拉克和敍利亞實在不太穩妥。將來，美國和中國可以成為世界上兩個最強大的國家。當然，我內心是希望美國能做得最好，是世界最強大的國家。我是一個愛國主義者，但同時也是一名學者，需要客觀分析自己國家的形勢。所以，今天我們的確需要適合自己的新夢想。

中國學生和日本學生有何不同

加藤： 像日本和中國這樣的東方國家，社會中的人際關係比較複雜，也可以理解為人情味比較濃厚。您是在俄亥俄州一個同樣充滿人情味的小鎮長大，或許您小時候的經歷，對您研究日本和中國的東方社會也有幫助。

那麼，您在哈佛校園裏見過無數的日本人和中國人，也培養了許多的人才，您感覺日本學生和中國學生之間有什麼不同？

傅高義： 總的來說，日本人較熱情，而中國人較內斂，也就是說，日本人更有人情味，人與人之間的關係相對和睦。當然，中國那麼大，不能一概而論。但就一般而言，中國人討論問題很積極，做事很聰明，人與人之間相處也很容易，但有時人與人之間的關係較為緊張。比如，與陌生人見面，他們或會考慮這個人有什麼意圖。特別是最近中國大陸的情況比較複雜，氛圍比較緊張，所以來到哈佛的學生也會考慮如何處理跟政府的關係等問題。相較之下，日本人不會考慮那麼多，所以和日本人的相處會更深入一些。我是這樣認為的，您覺得呢？

加藤： 我同意。我當時在哈佛，不管是在傅高義私塾還是在其他
地方，我感覺日本人是純粹討論問題，享受思考和表達的
自由，並且利用這些難得的機會和平台互相鼓勵和學習，
較少考慮往後的情況。相比之下，中國學生會考慮到畢
業以後的事情，他們在哈佛上學期間也格外小心，怕說錯
話，而當中國受到批評時，他們在群眾中國同學的注視下
會想要怎麼反擊，還會考慮很多政治問題。

傅高義： 最大因素是當下的政治環境。台灣應該和日本差不多，但
中國大陸的政治環境比較緊張，迫使中國學生考慮各種各
樣的事情，變得格外小心。日本學生無論是表達問題，還
是與人交流，都非常坦率，相較之下，中國學生的交流和
相處都偏向緊張。你認為呢？

加藤： 是的，我同意。我很相信，不管是政府官員、記者，還是
學者，來到這裏留學的日本學生回國後，他們的語言能
力、溝通能力和國際視野等，都有明顯進步，我也相信他
們能夠給日本社會帶來一些正面的影響。只可惜這樣的人
還是很少，但願能有更多的日本人到美國、中國，及其他
國家留學和交流，廣闊自己的國際視野。

相比之下，我比較好奇中國的情況。到哈佛留學的中國學
生，有的選擇留下來，有的選擇回國，但回國的學生能做
什麼呢？由於最近中國的政治環境比較緊張，言論自由也
受限制，在此情況下，那些回國的中國留學生究竟有多
大的空間和餘地發揮其作用，他們能否把在哈佛學到的知
識、智慧和經驗，充分地發揮和釋放出來呢？對此，我還
是比較懷疑的。您覺得呢？

傅高義： 我完全同意。不過，到這裏學習的中國學生都很聰明，知
道在不同的場合應該扮演怎樣的角色，為了自己的前途都
謹言慎行，所以他們應該還是有辦法的。另外，他們都很
優秀，擅長分析問題，英文也很好，較日本學生好，學習
能力也很高。雖然現在日本學校的教法比以前好，那些來

自外語教學的學生，也能説比較流利的英文，但就整體而言，日本學校大部分學生的英文還是不太流利。

加藤： 沒錯。日本人如要提升整體的英文水平，就要做好長期的準備和努力，這是肯定的。幸運的是，尤其以那些到哈佛留學的日本學生為主，他們有這方面的自覺，並非無知或無視問題所在。假如那些很優秀、外語很好、具有國際視野的中國人才，回國後能夠充分發揮其作用，肯定對中國健全的發展有極大的幫助，我也希望如此。您覺得呢？

傅高義： 當然是啊，中國的人才非常多，在各個領域都有十分優秀的人才。不過，我一直思考的問題是，他們在團結方面，遠遠不及日本人。

加藤： 是的，看您寫的《日本名列第一》就能知道。日本雖然是一個具有民主主義、選舉政治、言論自由、司法獨立、三權分立等制度的國家，無論是言論方面，還是價值觀方面，都非常多元，但大家總是能夠團結在一起，特別是1964年舉辦奧運會前後，眾人都朝着同一方向發展。「團結」的因素為日本戰後的發展起了很大的作用。

相比之下，如今的中國雖然總是強調統一，重視統戰，但事實上並不團結。統一而不團結，統戰而不和諧，兩者都是矛盾的。很多人不僅不團結，還會選擇移民到美國、加拿大、澳洲等，他們的思維不是團結，而是逃走。「逃」一字似乎是形容當下中國的關鍵字。所以，我比較擔心中國社會不團結的現狀，也關心這種現象何去何從，中文叫「一盤散沙」吧，大家都各有各忙。

日本研究更容易？

加藤： 日文和中文，對您來説哪一種語言更流利、更容易、更適應呢？

傅高義： 我在日本逗留的時間相對較長，並且曾在日本家庭裏生活過，所以我的日文更為生活化、家庭化。因為深入到家庭層面，我的孩子和日本的孩子建立了良好的關係，我對日本兒童的情況也比較熟悉。在中國，我主要留在工作單位裏，例如北京的當代所、廣東的經濟委員會等，沒有什麼機會接觸普通家庭的生活，所以我對中國的家庭情況並不熟悉。

反而我在各個階層都認識很多日本朋友，例如我認識幾位日本首相，關係也不錯。此外，我的好朋友野田一夫曾介紹我參加一個會議，即日文裏所說的「合宿」，我們在農村的一個賓館裏，展開了兩天的會議，我在那裏認識了索尼前會長盛田昭夫、政府的副部長，以及一些知識份子等。我見過一些中國最高領導人，但不算是認識，不像在日本那樣，各個領域和階層都有朋友，並且能促膝長談，這在中國恐怕做不到。

加藤： 從您剛才的表述看來，您似乎還是對日本人、日本社會的了解，以及對日文的表達更有把握和信心，我可以這麼理解嗎？其實，曾有不少日本人和中國人，向我提出一個相同的問題，許多曾經聽過您中文演講的中國人問我：「加藤，傅高義的日文怎麼樣？他真的也會日文嗎？」而許多曾經聽過您日文演講的日本人則問我：「加藤，傅高義的中文怎麼樣？他真的也會中文嗎？」對此，我一律回答說：「傅高義老師的中文和日文一樣好。」我記得當年在哈佛的時候，每當您即將前往日本時，我們會用日文討論問題，而當您去中國時，我們則用中文進行討論，您是無時無刻都在維持和提高中文及日文水平的人。日本與中國之間的不同，也給您的日本研究和中國研究帶來一些影響，您認為哪個研究更有難度？

傅高義： 日本的研究較為容易，因為日本人表達的內容比較容易理解。但中國人表達出來的，與其心裏真正的想法有所不

同，我總是摸不透，也難以理解。當然，也有一些思想比較開放的人，例如于幼軍，他原本在廣東發展，後來當了山西省省長、省委副書記。他的女兒叫于盈（Carol Yu），她在哈佛大學修讀碩士學位，後來去了香港鳳凰衛視擔任領導，她很能幹，英文水平與美國人差不多。他們父女兩星期前到訪我家，我感覺到他們的思想是比較開放的，亦相對投契。

我還有一個關係很好的中國朋友，就是在前面提及的竇新元，他本來在廣東省人民政府工作，負責經濟的事務。你應該見過他。很可惜，他因心臟病去世了。他曾在這裏生活過，幫我做了一些研究，我們常一起看中文書，討論中國問題，我可以坦率地與他討論問題，沒有什麼障礙。所以，我也認識一些可以坦率交流的中國人，但對於大部分中國人，我並不知道他們心裏在想甚麼，但我認為他們會考慮和政府的關係、政治敏感度，以及其他中國人對自己的看法等，他們應該有自身的問題和困難吧。當我跟日本人相處，就沒有這樣的憂慮，我們可以坦率地討論問題。

培養政治家有難度

加藤： 您覺得若果從人才的角度出發，日本和中國未來的競爭格局會是如何？畢竟，一個國家的發展是由人來推動的。我認為從哈佛校園觀察兩國的人才，然後從中推斷兩國未來發展和競爭的格局，會是很有意義的討論角度。

從哈佛校園來看，日本的學生不及中國的優秀，英文水平和溝通能力亦較為遜色，人才的數量也不如中國多。不過，中國有其自身的問題，例如中國現有的體制和環境似乎難以容納這些人才，更不用說良好及全面地發揮他們的作用。尤其是近來的環境開始收緊，那些具有開放思想和優秀能力的人，恐怕更難找到發揮的空間。據我所知，我在北大的同學基本沒有當官，或直接效力於國家政府的。

因此，中國有它自身的問題。很多優秀的人才不但沒有發揮才能的機會，而且需要往美國等地方逃走、移民，為其他國家服務。日本反而沒有發生這些情況，很多優秀的人才還是選擇回到日本國內，在日本的企業、大學等地方工作，為自己的國家服務。就人才的角度而言，您如何看待日本和中國未來競爭的格局呢？

傅高義： 在我的私塾裏，你能明顯地看到日本人十分團結，講究禮節，彼此克制，坦率交流，說話亦很可靠，日本人這方面的表現特別好。他們如果為官，相信會特別可靠。但日本缺乏主張大道理的高級領袖，中國可能有更多這方面的人才。

在中國，人與人之間有時會互相懷疑，而且要猜度別人背後的目的是什麼，擔心被告密等。中國能夠提出大政策、進行大改變的高級領袖有很多，但我對於他們能不能團結工作，並且不與自己人發生內鬥感到相當懷疑。

正因為看到日本人能互相團結，一起做事，我更希望日本能培養出真正的政治家和領導人，像中曾根康弘那樣的領導人。安倍晉三算是其中一個，但他並不是一流的政治家。不過，安倍與內閣官房長官菅義偉（Yoshihide Suga）一起共事，是可以互補不足的，也能為國家作出貢獻。我認為我在 1950、1960 年代接觸過的官員，相比現在的官員更能幹，視野也更開闊，他們為了讓日本恢復地位而做了很多工作。至於後來，比如你知道的原來外務省的田中均，還有岡本行夫，他們的思維很活躍，也擅長分析問題，但我不知道最近的外務官員怎麼樣。

加藤： 日本將來會不會培養出像田中、岡本兩位先生那樣有國際視野、有戰略思維，而且表達能力突出的外交官，目前還不好說。如今日本外務省內的人才有很多，但關鍵是他們能否被政治家所重用及發揮才能。例如您知道的田中均，當年是和首相小泉純一郎（Junichiro Koizumi）一起共事

的。他負責對朝鮮的外交工作，實現了小泉訪問朝鮮的想法，只有領導人從善如流，其下屬才能發揮作用。政治家和官員需要一起工作，互相依賴，因此兩者之間的關係十分重要。

傅高義： 對。你知道大平正芳、中曾根康弘的時代曾建立「學習小組」，他們會邀請佐藤誠三郎那樣的學者，讓成員通過學者來吸收知識，並運用到自己的戰略和政策中。不知道現在的領導人還用不用學習小組的方式培養人才。

加藤： 似乎很少，至少沒有當年那麼多和規範化。例如小泉進次郎可能有自己私下的學習會，但據我所知和觀察，像當年那樣被常態化和規範化的學習小組，似乎不太存在了，即使現在還有類似的小組，作用恐怕也沒有以前那麼大了，更多只是流於形式主義和自我滿足。

傅高義： 在我看來，美國最好的研究日本的學者是柯帝士（Gerald Curtis），哥倫比亞大學的政治學教授。我們是關係非常好的朋友，我很敬佩他，日本的歷代首相都認識他，我認為美國沒有第二個人能像他那樣進入日本領導人的圈子。我和他一直都很認真地討論日本如何培養領導人的問題，但至今還是覺得有難度。

加藤： 如今的國際政治局面，隨着特朗普成為美國總統後，美國在國際社會上的影響力和公信力都遭到懷疑；中國在習近平高舉中國夢的旗幟下，不斷擴大國家在海外的影響力；而日本的首相則是安倍晉三。我認為安倍或許沒有那麼多計謀，但他至少有膽量去表達日本的訴求，我看這是好事，您覺得呢？

傅高義： 是好事。戰後，美國一直壓制日本，覺得日本「長大」以後，也只能在美國接受和批准的範圍內思考問題和做事情。如今特朗普上台後，日本可以思考和行動的範圍會變得更加廣泛，與印度、澳洲和歐洲等關係也會更加密切，在國際事務上亦能發揮更積極、廣泛的作用，例如加入跨

太平洋夥伴關係協定（TPP）等。在這樣的情況下，日本應該可以提出更多自己的看法，現在是有機會的。不過，您提及的小泉進次郎的情況，讓我感到非常可惜。

加藤： 雖然他本人的想法和戰略並不是那麼突出，但他身邊有一群智囊團。我認為，此刻日本應該積極發揮一直培養的團隊精神。

傅高義： 這也是在日本做領導人的一種方式。而中國雖然有很多指揮能力出眾的領導人，但其周圍的人和下屬不一定跟隨他，也不一定團結。中國有很多擅長分析問題的聰明人，或許有些是小聰明。相反，日本耍小聰明的人並不多。

中日應該如何和解？

加藤： 您認為日本人和中國人該如何互相學習，以及學習什麼呢？

傅高義： 我認為大部分日本人知道及相信日本在二戰期間做錯了，但一般的日本人並不了解詳細情況。假如中國人問他們當年在盧溝橋、南京等地發生的具體事情，大部分日本人應該都不了解。

加藤： 幾乎所有的日本孩子都受過義務教育，我們通過歷史課學習基本的歷史，但對於很具體的事情，很多人確實不知道，也沒有機會了解和思考。您認為日本普通老百姓也應該知悉具體的歷史嗎？

傅高義： 當然。讓一般老百姓變成歷史學者是不可能的，這樣的要求也太高了，但大家可以多了解一些具體的事情。日本的老百姓應該要知道中國人為什麼重視那段歷史，特別是當年在南京、盧溝橋、滿洲等地所發生的事情。那些上過大學的日本人更應該多了解一些相關的歷史，日本的中學、大學等課程也應該多提供學習歷史的機會。

至於學者方面，日本學者對於那段歷史的了解比我深入得多，他們的研究和著作的特點是很詳細，其中包括何時何地發生什麼事情，以及如何發生等。但對於普通日本老百姓該怎麼以較廣泛的視野看待那段歷史，我認為還是有所不足，他們應該加強這方面的教育。

我在中日關係那本書中，特別提及了石橋湛山（Tanzan Ishibashi）。我寫他不是因為他曾擔任過幾個月的首相，而是因為他非常全面地了解了當年的局勢，也主張日本不要跟中國打仗，他考慮得很長遠。日本當時也有好的政治家，但很少有人像石橋那樣全面考慮問題。

加藤：　我也很喜歡石橋湛山，他是日本三大財經週刊雜誌《東洋經濟》的創辦人。我也很認同他當年提出的「小日本主義」，他的意思是日本人應該要明白自己的能力和身份，定位好自己的國力和利益，充分和準確地了解自身在不同的範圍和領域裏，該做什麼，不該碰什麼，這是一種站在長遠國家利益和地區穩定立場的務實主義。您覺得他當時考慮問題很全面、長遠，如今的日本人應該記實踐他當年的主張嗎？

傅高義：對的。其實，有很多日本人擁有和石橋湛三一樣的價值觀和精神，但在當時的情況下，能全面地考慮與中國的關係的人並不多。至於如今的日本政治家，在國會的討論容易趨向狹隘，議員們總是就某件事情或事件討論一些小問題，反而缺乏了大局觀。你覺得呢？

加藤：　我同意。從日本當前的處境和未來走向來看，我們的政治家應該從日本的內政、外交、世界局勢等角度，考慮如何跟中國打交道和建立日中關係。此外，政治家們最好懂得英文和中文，這樣才能比較全面地理順和管理日本的對外關係。但我認為現今的政治家中，恐怕沒有這樣的人。以前是有的，就如您提到的河野太郎，現任外務大臣，他在

美國受過教育，英文特別好。到了中國以後，他也可以用英文和中國外交官進行交流，也可以從比較開放和廣泛的角度討論問題。不過，河野太郎英文雖然好，視野廣闊，但欠缺中曾根康弘那樣的威望和戰略觀。

（談到這個時候，傅高義的夫人過來問他家裏有很多茶葉，怎麼辦？傅高義回答家裏不需要那麼多茶葉，您幫我拿去放在費正清中國研究中心。）

傅高義：很多來自中國的訪客會送茶葉給我，但我喝不了那麼多，所以就提供給費正清中國研究中心，讓大家共用。我不需要那麼多茶葉，也希望他們不要送禮，但你也知道中國人的習慣，他們總是帶着禮物過來，最多是茶葉。

加藤：這也沒辦法，他們有送禮的習慣，我們也應該尊重他們的心意和習慣。我看您經常喝很淡的咖啡，您平時也喝茶嗎？

傅高義：這方面沒有所謂，也不太講究，但我到中國以後就喝茶。

加藤：吃東西呢？我記得每次參加「傅高義私塾」，您都會為我們準備壽司和薄餅，還有日本啤酒等飲料。日本菜和中國菜，您更喜歡哪一種？

傅高義：日本旅館的早餐，食物的種類不多，很樸素，但質素很不錯，基本上都是好吃的，像是味增湯那些，我都很喜歡。而中國的菜色選擇有很多，但品質不一定好。由於賓館的自助早餐食物種類太多，我也不知道該吃什麼，也無法說哪樣做得好，哪樣做得不好。有的東西非常好吃，例如我很喜歡吃鍋貼，但很多東西味道都一般。

加藤：您喜歡哪個地方的中國菜呢？粵菜、川菜，還是西北那邊稍為酸一點的菜呢？

傅高義：我沒有特別的喜好。四川菜太辣，我現在喉嚨有問題，吃辣會出現小毛病，所以現在不吃。雖然不太喜歡，但我年輕的時候能吃川菜，而廣東菜、上海菜和北京菜也可以

吃。不過我覺得近年來，在廣東、上海、北京，吃的菜色都差不多，他們似乎都變成了「全國菜」，愈來愈相似。

加藤： 除了菜譜，現在中國不同的城市，包括大城市也變得愈來愈相似，我經常用「同質化」來形容和討論這類情況。剛剛聽您提及，同質化與全國化密切相關。

傅高義： 對，愈來愈「全國化」，哈哈。

加藤： 這個說法很有意思，也能反映當下中國的很多情況。我們繼續討論日本人和中國人該如何學習的問題。您主要提出了兩點，一為日本人，包括普通老百姓應該多了解當年的歷史，二為日本的政治家及領導人應該要廣泛、全面、長期地考慮問題。

傅高義： 對，日本的政治家、高層人物應該要學會全面地考慮問題，當然中國的政治家、高層人物也應該這樣。

加藤： 您一直提及「全面」兩個字，能不能較具體地介紹和描述一下，您所說的「全面」是什麼意思？

傅高義： 例如外交官應該了解對方國家的情況，包括對方的思想，應該多理解對方內心在想什麼，這是基本的能力和素養。如日本外交官要與中國外交官打交道，那甚至需要了解對方在本國的系統和組織裏是怎麼被提拔，有怎樣的問題和困惑，擔心什麼，與上司的關係等這些深入的想法。這樣才能做好外交工作，參與外交的政治家也需要這樣。我覺得日本的政治家在這方面做得不夠深刻。

日本的報紙、電視台等媒體對中國擁有較統一的看法，但似乎不太了解背後的因素，比如人們到底在想什麼等。對此，媒體應該先了解，然後報導，這樣才能做到全面。以前有些美國外交官可以做到，現在的我不太確定，還有一些以前的學者也可以做到。日本的政治家也知道該怎麼做，但他們對中方的了解有多深刻，我也不敢說。我覺得到中國做生意的日本企業家很熟悉中國的情況，包括地方

關係等，他們是不是比政治家、外交官等人士更了解和適應實際情況呢？

加藤： 據我的觀察和經驗，日本的企業家在某種意義上更了解中國的情況，他們消息靈通，行動力和突破性更強，中文水平也更好。相比之下，日本的政治家以及外交官無論是理解程度還是語言水平可能相對遜色一些。您提到為了改善日中關係，日本普通老百姓和政治家該怎麼做，那麼中國人該做什麼？

傅高義： 我覺得中國人看得太多「抗戰片」了，所以對日本產生了偏見，把日本人說成「日本鬼子」。他們應該多了解實際的日本人，例如了解日本家庭的情況。我不知道那些在日本學習和生活的中國留學生，是不是對日本人有較深入的了解。

加藤： 他們應該比中國國內的人更了解日本，包括最近快速增加的中國訪日遊客，也越來越理解實際的日本人。

傅高義： 但遊客並不了解日本人的家庭生活。遊客知道日本社會很安定，做得很成功，但他們不了解日本社會為什麼這麼安定，人們的內心在思考什麼，以及企業裏的高管和普通員工之間的關係為什麼如此穩定等。所以，中國人也應該多學習，他們現在對日本的偏見太多。中國人也可以多了解日本的外交官和政治家等。我估計在 1950 及 1960 年代的時候，中國共產黨是通過日本的社會黨、共產黨來了解日本社會的情況，所以他們對自民黨並不熟悉，偏見也較大。

加藤： 您當年第一次到日本的時候，是通過接觸家庭來加深對日本人的看法。

傅高義： 我是運氣好，我本來沒有什麼目標和計劃，很自然地認識了日本家庭，和他們進行交流，並通過家庭來了解日本人和日本社會。

加藤： 從促進日本人和中國人相互理解的角度來看，家庭可能是一個很好的平台。我們應該多接觸和認識對方的家庭，從而了解對方和反思自己。我相信會找到很多共同點。

傅高義： 最近，九州大學的益尾女士也跟我說過，日本人和中國人在家庭觀念方面有很多共同的地方，我認為的確是這樣，但一般的日本人和中國人沒有機會了解到這一點，他們難以建立關係。雖然我在 1950 及 1960 年代有機會走進日本的家庭，但我永遠是一個外國人，不可能進入日本人的圈子，也不可能變成日本人。例如我去到一些地方，看到幾個日本人在房間裏聊天，我是不可以進去這個房間的，這是很自然的事情。

加藤： 我也有共鳴。當年在哈佛，幾位美國教授在討論中國的問題，我很感興趣，也想過如何進去那個圈子，但我很快就發現，我進不去，也不該進去。您去過日本和中國這麼多次，但始終保持一個美國人、外國人的角色，保持這樣一個距離。

傅高義： 是，保持一個距離。我不可能變成日本人，若變成日本人了，有些美國人會不高興，並對我產生偏見，所以我還是和對方做朋友就好，這是可以的。很多人說日本人比較害羞，但我覺得日本人很坦率，所以了解日本人，跟日本人做朋友對我來說一點也不難，包括政治家、官員、企業家等。而中國人則有些不同，學者之間還是可以坦率地交流，但很難知道官員和企業家在想什麼，他們不太坦率，還要保護與工作單位有關的秘密等。所以，了解中國人有一定的困難，做朋友也不太容易。

加藤： 這一點應該與中國人「自古以來」的相處方式，以及當前複雜的政治環境都有密不可分的關係。傅老師，還是回到剛才的話題，您覺得日本和中國要放下歷史的包袱，實現真正意義上的和解。為此，日本人、中國人，以及美國人該做什麼，您怎麼看待這個問題？

傅高義： 我原先以為和學者們一起開會，互相探討問題，就會有大的影響，所以我跟袁明、田中明彥（Akihiko Tanaka）一起展開了很多會議，為的就是促進中、日、美好好進行合作。不過，現在看來是不成功的。開過的會、出版的書都不錯，但影響不大。我聽北岡伸一（Shinichi Kitaoka。筆者註：歷史學家、東京大學名譽教授、日本前駐聯合國大使）說，他也跟中方的步平（筆者註：中國社會科學院近代史研究所前所長、黨委書記）一起研究歷史，但我感覺北岡非常不滿意，覺得中方不肯出版該出版的東西，可見學者之間的影響力是不夠的。政治家和企業家才會有較大的影響力，能夠發揮有效的作用。

關於歷史的問題，前面已經談及，日本應該讓中學生更詳細地學習二戰期間的歷史。中國方面，我們期待和要求中國的領導人，立刻改變對歷史問題的態度和政策是不符合現實的，還是要一步一步發展。比如，最近有很多中國人到日本旅遊，覺得日本社會和日本人的生活不錯，回國後他們會將見聞寫出來，也會告訴身邊的朋友，這樣的過程能夠產生一些影響力。

此外，我希望中國的領導人多了解日本，也多善用了解日本的中國人。我感覺中國的領導人沒有利用好真正熟悉日本的中國人。比如現在的駐日大使程永華，我認為他很了解日本，但他在北京的地位和影響力不夠高，沒有當年廖承志的影響力大。曾經在復旦大學教授國際政治的王滬寧對美國的了解也不錯，他聰明，說的一些話也有道理，但畢竟他是政治學者，不是美國問題專家，所以不算是最了解美國的。

加藤： 中國國內從政府到企業，從學術到公民社會，都有一群非常了解日本的人，但高層的領導人好像沒有好好善用這些人才，十分可惜。

傅高義：太可惜了。高層的領導人應該多多利用那些人，甚至讓他們進入政治局。楊潔篪很了解美國，他進了政治局，非常服從，對領導人來說應該是可靠的人才。

我一直覺得，中國的領導人很怕不同的人提出不同意見。其實，圍繞一個問題，應該讓各種各樣的觀點互相碰撞，什麼問題都可以討論，對學者來說參與和推動開放多元的討論，才是愛國主義的表現。中國沒有這種文化，但日本有，只是不夠放開。我的兒子在日本讀高中時說，同學們排斥不同觀點的人。

加藤：　我上小學的時候，也被排斥過。

傅高義：為什麼？

加藤：　可能是因為我太直率地表達觀點吧，個子也高，與身邊的人不一樣，所以被排斥了。

傅高義：那是在靜岡縣的靜岡市嗎？

加藤：　我是在靜岡縣的沼津市讀了四年小學，升讀五年級時，因父親的工作關係到山梨縣轉學了。

傅高義：我去過靠近愛知縣的浜松市，在靜岡縣，看富士山也很漂亮。

加藤：　謝謝您。我覺得日本人和中國人，或多或少都有不放開討論、不歡迎不同意見的氛圍。不同的原因，類似的情況。日本是人的問題，中國則是體制問題。美國的話，人和體制都有，所以大家可以放開討論，尊重也歡迎不同的意見。

傅高義：中國這麼大，不同價值觀的人這麼多，領導人怕不團結，怕混亂，所以排擠不同的觀點。我覺得中國可能過於擔心和警惕戈爾巴喬夫現象了。他們把局面弄得太緊張了，假如放開一點，真的會造成戈爾巴喬夫現象嗎？一步到位地開放自由不容易，但可以一步一步的放開。我覺得他們應

該有放寬一些，但也能維持穩定的辦法。假如現在管控得太過緊張，將來會有反彈和爆發。在這個問題上，我和您的看法應該是一致的。

中國人和日本人該互相學什麼？

加藤： 在我看來，日本人的優點是講究團隊精神，大家比較勤奮，整個社會也講信用；而中國人的優點則是個人的爆發力和行動力。這些方面，日本人和中國人是可以彌補和學習的。那您作為美國人、協力廠商是怎樣看待這個問題？我看中國接下來要可持續、健康地發展，其國民性，不管是優點還是缺點，都會起到比較關鍵的作用。

傅高義： 我一般思考日本和中國如何改善關係比較多，沒有在個人層面上詳細地比較過日本人和中國人的優劣。從我個人的印象和觀察來看，日本人很團結。依舊從家庭內部的情況來看，根據我 1958 年到 1960 年在日本的調研顯示，日本的家庭是由媽媽主導的，爸爸也參與一些家庭事務，但最多參與一半，其他的事情都由媽媽負責和解決。現在的家庭，爸爸參與的事情可能多一些，但當時不是。

日本的孩子在學校裏很聽老師的話，在家庭中，媽媽也嚴格地教育孩子們要懂事，守規矩，到外面要尊重別人，在家庭教育方面的嚴格程度遠遠超過美國，依我看甚至有些過甚了。但因為這樣的教育一直在推進，日本的孩子都非常懂得規矩，也講求自律。而中國的家庭和孩子有些欠缺這方面的教育。

日本是一個統一的社會，大家的看法和價值觀等基本相同。不過，如今世界變得這麼複雜，日本人也應該學習和適應怎麼與不同文化、價值觀的人交流。在這個領域，日本人不善於向不同文化群體介紹自己，不善於向不同人介紹自己的文化、社會、家庭等經驗，也不善於辯論。

所以，一方面日本人很聽話、有禮貌、講規矩，這樣的國民表現也受到全世界的尊敬和表揚；另一方面日本人很不善於表達自己。我覺得這種能力在今天日益複雜化的世界裏，是愈來愈被需要的，日本人要培養這方面的能力。

中國人則具備這種能力，中國社會比日本社會複雜和多元很多，所以他們本來就習慣向不同人表達自己的看法和訴求，中國人也善於辯論和説服別人。

加藤：　假如在一所學校裏，日本人是一個聽話的好學生，就是日本人所説的「優等生」。那中國人呢，您會怎麼形容？日本的學校裏，根據我的經驗有四種類型的學生，一種是「優等生」，就是聽話、成績好、人品好、家庭經濟條件良好的學生；第二種是「老大」，就是那些總是表現出自己有威望的人；第三種是問題少年（少女），或不良少年（少女），就是那些違規違法、抽煙、打架、不守規矩，還給別人添麻煩的那些人；第四種是普通學生，沒有什麼存在感，同學們一般不知道也不在乎這類人。在國際社會裏，我看日本人要麼是優等生，不然就是普通學生，不突出，存在感也不強，畢竟日本人不善於表達自己，所以日本不是一個典型意義上和國際標準上的「優等生」。

傅高義：　對，日本人還是不懂得表達，不善於跟不同文化的人打交道。中國的孩子學習很好，也擅長背誦。我不知道現在中國的孩子還背不背課文？你覺得呢？

加藤：　我覺得還在背，而且很多是死記硬背，這恐怕改變不了。

傅高義：　對，死記硬背。我們美國人就沒有。中國人很擅長背東西，為了考試背東西的能力很強，辯論能力也強，但在我看來，哈佛的中國學生恐怕不太擅長分析問題，美國的學生在這方面更有優勢。還有一點，我也建議中國的家庭和學校，應該好好教育孩子和學生們講求規矩。

日本的成功經驗是什麼？

加藤： 《日本名列第一》的首要讀者是美國人，您覺得他們有沒
有聽從您的警告，美國企業和社會有沒有從日本成功的經
驗中汲取教訓？

傅高義： 只有一部分人這樣做了。主要是一些企業家，尤其是跟日
本競爭的一些人。當時，與日本企業有交往和競爭的美國
企業家及其員工看了這本書後，認識到應該提高品質和效
率，要從日本學習一些經驗和方法。他們也邀請我向企業
員工講解應該如何從日本的經驗中汲取教訓，並進行學
習。

我的家鄉俄亥俄州有本田工廠，我覺得本田的工作人員很
勤奮，做得很好，當地的美國企業家也學習本田的經驗。
另外，通用汽車和豐田公司之間也互相學習和參考。在這
過程和互動中，我和我的書起到了一些作用。

我還關注教育方面的議題──如何在美國普及教育。美國
的城市和農村之間，有錢人集中居住的郊區，和一些中部
地區之間的教育水平和資源相差十分大，有些地方為教育
所投放的錢非常少。對於這個問題，我當時也提出美國應
該多學習和參考日本的觀點，日本的教育做得比較平等，
資源配置也比較平均。我的意見後來在華盛頓，在其他地
方引起了一些討論，但效果不大。

看到大家的反應，我後來寫了一本書叫 *Comeback: Case by
case: Building the resurgence of American Business*（1985 年），
但當年看這本書的人太少了，是我至今出版過的所有書中
最沒有影響力的。

加藤： 《日本名列第一》對中國的企業家來說也很有説服力，有
參考的價值。

傅高義： 這本書在 1980 年代被翻譯成中文，在中國大陸出版。當
時，我在中國看到一些標語，主張自己的企業是「日本式

經營」，當中可能也是參考我書中的概念。

加藤： 您著作所發揮的影響力，是連您自己都沒有想到的吧？

傅高義： 是的。比如 1963 年出版的《日本新中產階級》那本書，過了 50 多年後在中國出版，還引起了一些關注和討論，這是我沒有想到的。

加藤： 我們日本人，不管是父母那一代還是我們這一代，都以製造業為榮，索尼、松下、豐田、本田……這些製造業都體現了日本人的文化和精神。這些全都是大企業，他們是戰後在終身僱傭、年功序列等日本企業文化的普及下發展而來的。產品可以普及至全世界，品牌可以在全世界打響名堂，許多都是大企業。

當然，大多數還是中小企業，他們在大企業的背後付出許多努力，很多產品和品質也不亞於大企業。反正，不管是汽車、數碼相機、衣服，還是蛋糕，日本人的特點就是精心地做出每一個產品，日本也是靠「做」發展到今天的，我們也以此為榮。

最近中國也開始重視製造業，比如作為國家戰略被提出的《中國製造 2025》，李克強總理也提倡「工匠精神」對中國企業和產品的重要性。他沒有說中國企業應該向日本企業學習，畢竟涉及民族情緒。我知道中國人從官方到民間，都愈來愈重視圍繞製造業發展的各個方面和環節，包括品質、品牌、精神、技術，以及知識產權等。但在我看來，中國至今只有很少被外國人所認識、尊重及使用的製造業產品和品牌，中國的製造業發展似乎不太順利。您怎麼看中國製造業的未來發展，尤其是與日本的經驗比較？

傅高義： 我認為不要緊，可以慢慢來。回望 30 年前，沒有人認識韓國的現代、三星等品牌，但現今人人都知道，也有很多人在使用。1950 年代，我們美國人不知道豐田和日產，直到 1970、1980 年代的時候，才覺得他們相當厲害。日韓企業都是這樣，所以中國企業也要靠時間一步一步發展。松

下的名字是 Panasonic，原本是 National；索尼的盛田會長
當初取 Sony 這個名字的時候，儘量把它起名和定位得不
太像日本品牌，而是外國人比較適應和接受的。從這些過
程中，不難看出日本企業當初如何創立有影響力和品牌度
的跨國企業，他們也是這樣走過來的。至於中國企業的未
來發展，比如海爾等企業，我不知道哪些企業有前途和希
望，但估計十年之內會有二至三家，其品質可以為世界所
認識和尊重的企業吧。現在，中國企業和產品的質量還不
如日本，看看未來十年的發展吧。

美國學生更輕鬆嗎？

加藤： 您在《日本新中產階級》那本書中，描述了日本戰後的家
庭對教育的重視。家庭對教育的重視無疑也推動了日本戰
後的經濟發展、社會發展，以及國民質素的提升。現今的
中國家長也非常重視孩子的教育，能否讓孩子就讀較好的
學校，從而過上體面的人生，這對孩子、自己，以及整個
家庭都很重要，甚至可以説對一些家庭而言，孩子的教育
是最重要的。那麼，如今美國家庭對孩子的教育是怎樣的
呢？跟您以前有什麼異同嗎？我覺得日本和中國的家庭過
於重視孩子的教育，要孩子服從。相比之下，美國家庭更
多是讓孩子們自由成長，注重孩子的獨立性，而不像中國
和日本的母親那樣要求孩子時刻聽話。

傅高義： 我完全同意你的看法。我小時候成績好，父母當然很高
興，但他們從來不會要求我，我也沒有準備過考試。我的
父親希望我能早些完成教育，所以初中和高中本來要讀
六年，但我上五年學就畢業了；大學也一樣，本來要讀四
年，我用三年就畢業了。父親希望我快一點，不要浪費時
間，所以大學畢業的時候，我還未到 20 歲。我上大學的
時候還太年輕，所以也不想上那麼好的大學，於是就在小

鎮裏選了俄亥俄衛斯理大學（Ohio Wesleyan University）。
這所大學在小鎮裏雖然不是最好的，但算是比較好的大
學，從我們大學畢業後到哈佛繼續深造的人，我也認識十
幾個。我知道日本和中國的學生每到考試的日子都會非常
緊張，但我們沒有，成績也不錯，相對自然地渡過了校園
的時光，沒有做什麼特別的準備，包括我在哈佛攻讀博士
學位期間，也沒有那麼緊張，直到在哈佛教書的時候，我
才開始覺得非常緊張。

加藤：　　您從剛開始工作的時候到現在，到底哪一個階段最忙碌、
最緊張呢？

傅高義：　回顧起來，我開始攻讀博士學位的時候有些緊張。我 1953
年開始修讀博士學位，當時社會學系裏有 15 個同學，其
中兩三個是外國人。我知道這些人是全美，甚至全世界最
能幹的人，所以我沒有把握自己能不能表現好，所以有一
些緊張和壓力。我在 1958 年前往日本，1960 年回國，並
去了耶魯大學教書，然後回到哈佛，於 1962 年開始在速成
班學習中文，壓力很大，同時也要學習中國的歷史、社會
等知識，那時我開始參加費正清中國研究中心的專案。當
時的研究中心稱為東亞研究中心，直至費正清去世後，才
改為費正清中國研究中心。當時中心的人數不多，大家經
常一起吃飯，但除了我以外，其他人都有接觸和研究中國
的背景，他們對中國很了解，而我沒有，我不想在他們面
前表現出自己不熟悉中文和中國，所以努力地學習和補充
相關的知識。在這過程中，我感到很大壓力和非常緊張。

如何看待中美建交

加藤：　　從第一次訪問中國的 1973 年，至到政府工作的 1993 年這
二十年中，您經常有機會參與關於中國問題的政策和學術
交流吧？

傅高義： 那段時間，我也曾到華盛頓參加了幾次有關中國問題的研討會，同時與 CIA 負責中國問題的人在哈佛等大學開會，他們會談論如何看待中國問題等。現在好像沒有這種做法了，但當年 CIA 還是很重視與學術界的交流。

加藤： 您在 1971 年 4 月 27 日寫給尼克森總統的信中，提出了很具體的建議：對於未來北京和台灣關於「一個中國」的問題，以及由北京來統治為前提的談判問題上，美國不要表明立場；與其用「兩個中國」的表述方式，不如用「雙重代表」一詞；對於北京根據阿爾巴尼亞式地申請聯合國席位一事，即使美國不支持，也應該表示接受。您最後還主張，如果美國不在此刻有所行動，當中國的軍事實力強大到一定程度的時候，美國將面臨中美陷入敵對關係的嚴峻危險。當年中國處於「文革」時期，國內政治陷入混亂，甚至無序的局面，您那時已經開始擔心中國未來變得很強大，包括軍事力量方面，所以認為美國應該在中國還比較落後時，與她改善關係。我這樣理解對不對呢？

傅高義： 您的理解是對的。從朝鮮戰爭、中國內戰等，都能大概看到中國軍隊的實力和表現，因此我判斷中國的軍事力量將來會變得很強大。

加藤： 所以您認為美國應該儘快跟中國建立外交關係。

傅高義： 對。其實不僅是美國，當時跟中國建立外交關係也是一種大趨勢，全世界都在考慮這個問題。中國已經擊敗了台灣，那麼世界各國與這麼大的、重要的國家沒有外交關係是不合適的。當時哈佛很多人都這麼認為。

加藤： 您寫信的時候還未曾去過中國，對中國的了解自然也受到限制。而且，大陸和台灣處於分裂狀態，如果美國要跟北京政府建交，那只能隔斷與台灣的關係了。您當時怎樣推斷大陸和台灣之間的未來走向呢？

傅高義： 很多事情還是不清楚的。但我們估計，中國大陸攻打台灣，即是用武力來解決台灣問題的可能性是存在的。畢竟

1958 年時，大陸已向台灣進行了炮擊，有這樣的先例，就無法否認大陸將來用軍事手段解決台灣的問題。當然，我們都反對這樣的局面，最好還是和平解決。當時的美國政府這麼認為，我們學者也支持政府這樣的立場。

加藤：　2019 年 1 月 1 日就是美中邦交正常化四十周年了，我在北大上學的時候，老師們講過改革開放首先是對美開放，改革開放的深化和中美關係的發展是同步的，兩者缺一不可，沒有改革開放就沒有中美關係，沒有中美關係也沒有改革開放。您怎麼回顧與中國改革開放同步發展下的四十年中美關係？

傅高義：　當初寫那封信的時候，我對中美關係的發展前景是模糊的，就是希望中美關係變好，希望中美兩國能夠和平地交流，讓美國的學者可以到中國去做研究，中國的學生可以到美國學習。只要中美能建交，這些基本都可以實現，這是可以預料的。但我沒有很仔細地考慮其他的具體事情。

1979 年中美建交，我沒有想到後來中美之間的交流發展得這麼快，比如那麼多中國學生到美國留學。我也沒想到中國經濟會發展得這麼快。我有一位哈佛的同事 Dwight Perkins，1970 年代，我們一直研究中國的問題，他比我小兩三歲，他是研究經濟的，是很有權威的經濟學家。中美剛剛建交的時候，他估計中國經濟將每年平均增長 5%–6%，但其他學者認為不會這麼高。當時我相信他的推測，但沒想到這麼快實現了。還有一個印象深刻的事情，1979 年的時候我們想不到人民公社會解散。

世界需要中美合作

加藤：　《日本名列第一》中提出日美之間的「行為模式」十分不同，但「價值體系」驚人地一致，比如民主、自由、透明度、信用體系等。應該就是這些原因，促成了您所說的日本人和美國人一起做事比較令人舒服的情況。相比之下，

中國人和美國人之間在「行為模式」上有一些相似的特點，但「價值體系」顯然是截然不同的。您覺得價值觀的不同會對中國人和美國人一起做事，以及共同地創造未來等方面，產生一些消極的影響嗎？

傅高義：中國是一個很複雜的社會，有各種各樣的人，也有一群做事方式和價值觀跟我們差不多的人，比如當年在重慶與費正清打交道的中國人，以及後來訪問哈佛大學，與我們一起共事的中國人，他們相對開放，價值觀跟我們也比較接近。中國金融界的人士和美國的同行可以一起做事，他們的價值觀也差不多。中國有一群這樣的人，他們願意來美國，也很適應美國社會和美國人的價值觀。

加藤：1980 年代，日美之間發生過比較嚴重的貿易摩擦，日本也經歷了廣場協議、泡沫經濟崩潰。雖然兩國在貿易問題上發生了摩擦，但並沒有破壞同盟關係。您認為是可靠性以及價值觀的一致性起了比較關鍵的作用。

今天的中國和美國，也正在經歷一場具有戰略性質和歷史意義的貿易摩擦，可以說是貿易戰。中美不是日美同盟，而是劃時代的競爭關係，用特朗普政權所下的定義來說，就是戰略競爭對手。今天的中美發生貿易戰，也跟特朗普、習近平這兩個領導人的觀念、作風等有關。我認為接下來中美之間要避免嚴重的衝突，領導人之間的互相認識和看法，以及兩國高層之間有沒有足夠的理解和信任是非常重要的。不僅是兩國的最高領導人，還包括中方對主宰美國國務院、國防部、白宮部門、商務部、財政部等領導人的看法，以及美方對中共政治局常委，政治局委員，比如王滬寧、劉鶴、丁薛祥、楊潔篪等人的看法。比如，曾經當過外交部長和駐美大使的楊潔篪很了解美國，但不一定信任美國。

傅高義：你說得對，他非常了解美國，認識的美國高級領導人比我要多，英文也很好。但他曾經說過一些美國的壞話，許多美方人士都覺得他不可靠，不能跟他做朋友。

加藤： 我也經常從中方和美方的官員口中，聽到他們互相指責。
他們都覺得對方不可靠，説一套做一套，對彼此充滿了懷
疑和警惕。例如中國人覺得美國就是要通過和平演變來改
變和遏制中國；而美國人覺得中國就是挑戰美國的位置，
想替代美國成為世界第一，然後統治全球。如您所説，可
能來到美國的學生、精英、金融家等，是可以一起做事、
互相理解，甚至互相信任的。但一到國家層面，尤其在外
交、國防等領域，兩國人士還是陷入互不信任和互相指責
的惡性循環。

傅高義： 事情的變化還是發生在冷戰結束以後。1969 年，中國和
蘇聯打仗後的十年，因為要共同應對蘇聯，中國和美國的
關係比較親近，甚至是接近於聯盟的關係。但隨着蘇聯
解體、冷戰結束後，中國人不再相信美國，而美國國防部
為了得到更多預算，便向國會主張美國應該警惕中國的發
展。在華盛頓的中國外交官等人士都知道這些情況，華
盛頓有很多中國人，他們感到緊張，也經常向我們打聽情
況。與此同時，美國國內也有一群主張穩定對華關係的
人，雖然中國的制度和價值觀與我們不一樣，但假如中國
和美國對抗起來，對世界來説是很嚴重的問題，世界需要
中美合作。我想，中美兩國還是需要想辦法把兩國的關係
穩定下來，盡可能地合作。中國也有一批持有類似想法的
人。

加藤： 您覺得中美之間如今最大的問題是什麼？

傅高義： 一個是台灣問題，另一個是世界政治的主導權問題。從實
力對比的角度而言，中美領導人都渴望和追求「我説了算」
的地位，兩國是競爭關係。你大還是我大，你強還是我
強，中美雙方都存在這種精神。這恐怕也是中美之間最大
的問題。

加藤： 我同意，例如貿易戰。美國國內還是有很多人認為當前美
國的對華貿易結構是有問題的，包括中國的貿易政策、產
業政策、國防政策、網路政策等都是有問題的，他們認為

美國應該強硬一些，要通過一些手段來確保美國的權益。這不只是特朗普總統的想法，很多戰略家、企業家、外交官、軍人、知識份子，甚至一般百姓也都這麼認為。尤其是戰略家，在我看來，他們正是利用特朗普總統的慾望和「無知」，來達到長年積累和醞釀的對華戰略目的。

傅高義：最近，曾擔任主管東亞和太平洋地區事務的助理國務卿庫爾特・坎貝爾（Kurt Campbell）寫了一篇文章，說美國對華的接觸（engagement）政策失敗了。我不同意他的觀點，我不認為美國的接觸政策是失敗的。例如中美參加聯合國及其他世界組織，都是按照世界通用的規則來做事，而不是按照原來蘇聯的做法行事。我最近坐船去了俄國，在船上跟俄國人聊天，問他俄國為什麼不派人到美國學習，對方說怕回不了國。美國國內如今有那麼多中國人到處學習、訪問、接觸，其實很多的做法及其背後的規則和價值觀，是可以溝通和共用的。當然，從另一方面看，美國曾對越南、伊拉克、敘利亞等地方所做的不好的事情，我認為美國那些政策是失敗的、負面的。我擔心中國將來也會在海外做跟美國相同的事。可能現在時機尚早，但將來會否這樣，我也不知道。

加藤：　比如南海？

傅高義：對。中國在南海的自信心那麼強，還用軍事力量擴大勢力和建立設施。現在中國還沒有派軍隊到世界各地，但將來是有可能發生的。當然，如今是核武器時代，如果核擁有國用了原子彈，那就意味着若爆發全面戰爭，世界就會完結，中國也知道這一點。不過，中國還是會逐步擴充他們的軍事力量吧。

中美如何減少摩擦

加藤：　您跟日本著名的經濟小說家城山三郎（Saburo Shiroyama）先生，合寫了一本對談書《日美該如何互相學習？》。

傅高義： 我非常佩服他。

加藤： 您有沒有想過找一個中國人合作寫一本《中美該如何互相學習？》的書呢？

傅高義： 當時是城山先生主動提出跟我對話。我讀過他寫的書，包括《官僚們的夏天》，雖然他是一名作家，但他對經濟問題研究得很深入，我就答應一起對談寫書。但那時日本和美國的關係很緊張，日本政府當時也採取保護主義，包括保護一些秘密等。對此，我感到憤怒，我跟城山先生的對談中，可能也表露了我的憤怒（筆者註：該書於 1986 年 4 月出版），我當時對日本有所不滿，但我實在太喜歡城山先生了，所以答應一起寫書。

我也跟中國的學者進行過不公開的對話，談了一兩個小時，我也接受過中國記者的採訪，也談了一兩個小時。中國的對談者很熟悉這些談話的技巧，也知道什麼想說但不能說，就讓我說。中國也有一些什麼都能談的知識份子，我在這裏不具體點名了，怕給他們添麻煩，但我懷疑他們回去能說的空間比較有限。

加藤： 所以您也沒有想過跟中國人一起寫書，也沒有中國人邀請您？

傅高義： 沒有人邀請過我。以前，跟袁明、田中明彥合作開了三次研討會以後，三個人一起出版過兩本書。中國有一些地方和一些人感覺比較自信，也能談話。比如在華東師範大學研究黨史的一批學者，沈志華、楊奎松、韓鋼等，他們可能下個月來哈佛，我們可以跟那些人進行學術交流。我和韓鋼會認識是因為一位元老經濟學家于光遠。李慎之告訴我應該認識他，我找于光遠談話的時候，他剛好邀請了韓鋼。韓鋼是黨史專家，他是一個很認真、很可靠、很謙虛的人，他對黨的歷史，尤其是 50 年代的歷史特別了解，知識面很廣、很有能力。他現在與楊奎松他們一起在華東師範大學跟做研究，下個月他應該也會來哈佛。

加藤： 您跟城山先生的這本書的第四章為「如何處理摩擦？」，
指的是 1980 年代日美之間的貿易摩擦，而今天中國和美國
之間也有貿易摩擦。當然，兩者不一樣，除了冷戰時期和
後冷戰時期這些時代背景以外，當年的日美是盟國，今天
的中美是競爭對手。對比當年的日美和今天的中美，您覺
得有沒有一些經驗能讓後者汲取？

傅高義： 有以下幾點。首先，當時日本企業把工廠轉移到美國，包
括豐田、尼桑等，後來美國的每個州份基本都有日本的工
廠，在地方上紮下深根，他們與當地也建立了聯繫，也參
與到當地社會中。舉個例子，我當時訪問 YKK（吉田工業
株式會社），它在佐治亞州，我發現前美國總統吉米・卡
特（Jimmy Carter）和 YKK 的領導人非常熟絡。他們都在
農村長大，信仰方面也有共鳴。我跟這個領導人在 1979 年
認識，我也認識他後來繼承產業的兒子。還有一個例子，
1992 年我在華盛頓工作的時候，日本天皇訪問美國，總統
克林頓舉辦一場宴會，我和妻子有機會參加那個宴會。當
時會場有 140 至 150 人，其中有三個日本人，他們都是從
阿肯色州過來的，是在當地有工廠的日本企業老闆，他們
跟克林頓一直保持聯繫和交流，關係非常密切，因為那些
日本企業支持克林頓及其選區內的經濟和老百姓。總之，
每一個州份都有日本的企業和工廠，我去內布拉斯加州演
講，發現有川崎；我去俄亥俄州，發現有本田，可見日本
企業在美國的發展根深蒂固。相比之下，中國就沒有這樣
的企業了。當然，中國的工業還沒有那麼發達，所以做不
到當年日本企業那樣。由此看來，中國企業如何處理好與
地方之間的關係，扎根於當地，以及怎樣與地方的政治、
領導、社會、老百姓等建立較深層的關係，都是相當關鍵
的。

其次，根據我的理解，日本政府當時的確有保護主義的做
法，他們會保護本國的市場和產品，用的都是合法的手
段，這一點值得中國政府和企業學習及參考。不管是中國

企業到美國市場，還是外國企業到中國市場，做法都需要
合法，這點很重要，特別是涉及知識產權的部分。一開始
也有一些日本企業違法，但後來都按照合法的方式來處理
知識產權的問題。

再者，在以前中國相當落後的時後，國家願意讓外國企業
進來，但現在中國發展後，就謝絕外國企業，我看現今存
在這樣的現象。今天的中國與日本的情況不盡相同，但無
論如何，中國需要用合法的方式給予外國企業公平的機
會，中國也不要把外資趕走，應該允許對方留在中國市
場。

加藤：　您提出了三點：一，日本企業在美國扎根的情況，值得中
國企業參考；二，中國應該按照法律來做事，尤其要尊重
知識產權；三，中國發展以後，也要繼續尊重外國企業，
而不應變得自負，不歡迎外國企業。

如今，中美陷入貿易戰。根據《301 條款》，美國從指責中
國的知識產權、技術轉移、市場開放、網路間諜等角度，
制裁中國的產品，而中國也立即採取反制措施。如今，中
美雙方都不肯讓步，駐美大使崔天凱也說「奉陪到底，看
誰能堅持到最後」，雖然中美兩國始終都在尋找對話的機
會，尋求雙方都能接受的框架協議。當時日美是盟國，貿
易戰升級到一定程度的時候，美國國防部就向其他部門施
壓，主張不要繼續打下去，從而維護《日美安保條約》。
但中美貿易戰，美國國防部是支持政府制裁中國的，因為
這樣才能保護美國的國家安全和戰略優勢。所以，當年的
日美和今日的中美之間的背景和結構截然不同。您怎麼看
待中美貿易戰，以及您認為該怎麼解決這場貿易戰呢？

傅高義：　我認為中國的對策是不錯的。中國的做法是，既然美國要
制裁中國企業和產品，那麼中國便以同等規模和程度給予
反制措施，例如不買美國的大豆、飛機等，這種做法是合
理的。如果我是中國領導人，我也應該會這樣對付特朗

普。但其實中國是希望繼續推動全球貿易的，中國經濟畢竟也需要依靠出口。我也認為中國政府應該讓更多美國企業在中國市場取得成功，讓他們留在中國市場，而不要讓美國企業覺得不得不撤走。我認為中國還是希望談判的，但特朗普不斷向中國施加壓力，迫使由中方來解決不平衡的局面。當年美國在對待與日本的貿易摩擦時，制定了一系列的「數位目標」。如今，美國似乎對中國也這樣做，拿出各種數字向中國施壓。我認為貿易的不平衡，首先是由經濟決定的事情，中國的產品還是很便宜，所以美國的消費者也願意買，亦有需求。

加藤： 假如貿易戰這樣繼續升級下去，恐怕不僅是貿易戰的問題了，也有可能影響安全問題。例如台灣問題會不會受到影響？我知道今天在華盛頓，有些人討論要不要派遣總統國家安全顧問約翰‧博爾頓（John Bolton）訪問台灣。如果特朗普總統拿台灣問題向中國施壓，局勢會變成怎樣？中國大陸擔心，台灣也擔心，假如在台灣海峽發生更大的摩擦，甚至武力衝突，日本也會很擔心，不知道該怎麼應對這樣突變的形勢。您怎麼看？

傅高義： 我也非常擔心和害怕。我認為有一些人並不希望中美之間的競爭關係變成敵對關係，例如像國防部部長馬蒂斯（James Mattis）那樣成熟的人。中美之間可以有競爭，但不要變成敵對關係。我確實擔心如今的政權內，特朗普、博爾頓、納瓦羅（Peter Navarro）那些不懂事的人會做出一些出格的事情。

加藤： 在您看來，博爾頓、納瓦羅這些不懂事的人，對特朗普總統還是有一定的影響力吧？

傅高義： 只要是特朗普想做的事情，這些人應該就會支持他。特朗普不是一個優秀的領導人。不過，美國政府內還是有了解情況的人，中國那邊也有明白情況的人。

加藤：　　如果特朗普總統邀請您到白宮提供建議，您願意去嗎？

傅高義：　我可以接受去開一次會。但我估計他們也不想聽我的看法
　　　　　和建議。我已經老了，不想到那邊工作，也不太合適，他
　　　　　們亦不會重用我。

加藤：　　如果您現在有機會向特朗普總統提出建議，您想説什麼？

傅高義：　第一，特朗普與習近平的個人關係是不錯的，應該維持下
　　　　　去。特朗普不想破壞跟習近平的關係，這是好事。

　　　　　第二，特朗普應該堅持運用和平的辦法，來面對和解決與
　　　　　中國的貿易摩擦。比如在我看來，美國向中國相當加徵約
　　　　　2,000億美元的產品關稅這種不切實際的做法和要求，應該
　　　　　是不可能發生的，也不應讓它發生。

　　　　　第三，還是堅持對話和談判，盡可能地達成協議，在此過
　　　　　程中也應該多聆聽專家學者、企業家等人士的意見。

加藤：　　您之前向習近平提出了內政方面的建議，例如提供多一點
　　　　　自由，不要變得太緊張等。那麼對外政策方面呢，除了當
　　　　　下不斷升級的貿易戰，還有台灣問題、南海問題、朝核問
　　　　　題等，有好幾個困擾中美關係的問題。您對習近平主席有
　　　　　什麼建議？

傅高義：　首先，習近平應該想辦法讓在華的美國企業感到更滿意。
　　　　　因為過去的二三十年來，美方支持中美關係友好的兩大勢
　　　　　力是企業家和知識份子，所以保持中美關係的政治穩定，
　　　　　離不開企業家的支持。習近平應該想盡一切辦法，讓在中
　　　　　國做生意的美國企業感到滿意和信心，並使他們有決心繼
　　　　　續留在中國做生意，繼續支持中美友好，這樣對中國也有
　　　　　好處。這點很重要。

　　　　　其次，中國軍方和國防部門應該避免衝突，例如如果中方
　　　　　在尖閣諸島／釣魚島行動得過於積極，美國防部可能也不

能接受。我還是覺得當年鄧小平的戰略和做法是對的，中國可以擴大影響力，但不需要在那些島嶼造成衝突，而是要想辦法避免衝突。

加藤： 您覺得現在中國對尖閣諸島／釣魚島的政策太極端、太強硬嗎？

傅高義：對，太強硬了。但最近我也聽說稍微放緩了一些，沒有那麼積極了。我覺得中方這樣做是對的。

加藤： 您剛才提到習近平應該想盡一切辦法讓在華的美國企業感到滿意，並繼續做下去。

傅高義：對。因為美國國會的議員不會聆聽我們學者的話，但他們會聽從企業家的話。例如波音、愛荷華州的農民，如果他們對特朗普現在的政策不滿意，覺得美國太強硬了，美中不能再繼續僵持下去了，那就可以影響那些國會議員。此外，我認為通用汽車、IBM、Google、Facebook 等美國企業亦可以影響美國的國會和政策，也有能力影響中美關係。

加藤： 我完全同意。而且，中國企業對於在美國市場投資、做生意的想法也愈趨積極，包括馬雲的阿里巴巴等企業，都對美國市場感興趣。而美國該如何支援這些中國企業，讓他們對美國市場感到滿意，也逐漸成為一個議題。您覺得美國政府應該歡迎中國企業嗎？

傅高義：基本上是可以歡迎中國企業到美國投資和做生意的。但有個條件，就是美國要保護國家安全，涉及到國家安全的事情，美國就要採取措施，中國企業必須按照美國的法律行事，也不能做出涉及美國國家安全的事情，例如中國企業不要想得到美國國防部的秘密情報、檔案等。只要能遵守這些，美國是歡迎中國企業的，要不然的話，美國很多人都會反對。為什麼一些美國學者害怕中國的政治滲透，也

是出於同樣道理。中國企業應該學會限制自己的行為，這樣美國比較容易接受。

加藤： 您認為美國的政治家、軍方、政府、企業、學者等人士，至今仍然懷疑中國企業，以及他們的一些行為？

傅高義： 對的，所以中方應該明白和接受我說的那些條件，這樣才能維護中美之間繼續交流和合作的基礎，中美關係也才能穩定下去。

誰是下一個世界警察？

加藤： 日本人也知道戰後的秩序和規則，是由以美國為主導的西方所制定的，並一直持續到今天。中國也是其中的受益者，我個人認為，沒有戰後由美國所主導的世界秩序，就沒有中國的改革開放。特朗普總統上台以後，對美國一直以來所維護和發展的制度、規則、價值觀等表示前所未有的輕視，甚至做出破壞性行動。在此情況下，包括日本人在內，人們開始提出一個問題：美國還能扮演世界警察的角色嗎？您剛才也提到，美國之前介入伊拉克、敘利亞等地方的政策紛紛失敗，國際社會和美國選民對於美國介入海外事物也日益警惕和懷疑。中國似乎也不滿意美國主導世界。您怎麼看待這個問題？

傅高義： 我認為美國不會一直扮演世界警察的角色，我們的預算也不夠。中國的預算可能會超過美國。美國的財政赤字不允許我們一直做世界警察。

加藤： 美國輿論好像也不太支持。

傅高義： 對，輿論不支持美國繼續做下去。

加藤： 財政不支持，輿論不支持。那麼學界方面呢？

傅高義： 大部分學者也不支持，但仍有一些學者支持，就是那些靠
奉承政府來謀生的學者，我相信這種學者在中國也不少。

加藤： 如果美國做不了，那麼會由誰來代替美國主導這個世界，
以及扮演世界警察的角色呢？中國似乎有這個想法。美國
會不會擔心？

傅高義： 當然擔心。中國的吸引力、軟實力不如美國，將來也不會
超過美國。最近拉美、非洲等接受中國，但接受的是中國
的錢，而不是接受他們的領導，因為中國的軟實力不夠。
如果現在的情況持續下去，世界是不會接受中國的。中國
國內政治會不會民主化？我看中國不會也不可能變成美
國這樣的民主國家，但如果中國能更加適應國際通用的做
法，在國內更加尊重人權等，這些是不是有可能？這還有
待觀察。

加藤： 您的意思是，中國不會像美國這樣的民主化，除非中國實
現更多的自由、開放，否則國際社會也不會接受中國，更
不可能接受由中國來領導的世界，可以這樣理解嗎？

傅高義： 對的，這是第一點，而第二點是關於經濟方面。如今中國
經濟情況似乎不錯，泡沫經濟形成的可能性，以及過程似
乎也沒有當年日本那麼嚴重，但我認為中國經濟不會始終
保持今天這樣的上升速度，一旦經濟下滑，中國人的自信
心及外國對中國的信心也會下降。到時候會發生什麼？這
也值得關注。

加藤： 是的，對中國共產黨的合法性而言，經濟是關鍵的因素。
近年來，由於經濟狀況整體保持穩定發展的趨勢，所以國
內的民眾也服從黨和政府，那些享受中國經濟福利的國家
也願意服從中國。但這是服從而不是認同，兩者截然不
同。世界各國，特別是那些從中國移民到美國的人士，對
於美國更多的是認同，而相對中國，更多的是服從。那
麼，一旦中國經濟下滑，遭遇一些問題和危機，那些本來
服從的人們就不再順從了，更何況到時候認同中國共產黨

的合法性，可能會遇到比較嚴重的問題，甚至危機。到時究竟會發生什麼，您怎麼看這個問題？

傅高義： 你的問題很好，但我並沒有那麼詳細地考慮過這個問題。中國國內應該會發生一些改變，不敢說實際會發生什麼，誰能知道 5 年、10 年後中國的情況呢？但如果那些思想開放的人，即主張不要用軍事手段，而是更多地適應國際社會，通過國際合作把中國的利益最大化的人，如果這些人在中國國內的影響力得到提升，並能夠領導中國，那將會是最理想的局面。下個星期，中國發展研究基金會的盧邁會到這裏來，他曾在哈佛甘迺迪學院學習過一兩年，他是個思想非常開放的人，他認為中國應該走更加開放的道路。

美日同盟還牢靠嗎？

加藤： 作為美國的盟國和中國的鄰居，日本特別關心也警惕當下的中美貿易戰，我們也不願意中國和美國繼續這樣下去。中國有三萬家以上的日本企業，其中許多企業是在中國製造產品，然後出口海外，包括美國，這種供應鏈和價值鏈早已是全球化的。美國向中國加徵關稅，自然也影響到日本企業的商業利益。

另外，中國和美國之間在貿易戰，也牽連包括台灣在內的其他問題，也必然影響日本在亞太地區的安全環境。這些年來，日本人始終害怕在中美兩大國的時代裏被孤立和邊緣化，就像當年尼克森總統訪華似的。現今的日本人仍然擔心那種突如其來的「衝擊」。您認為，日本在中美關係中，應該扮演什麼樣的角色，以及該做什麼呢？

傅高義： 雖然特朗普這個人不太可靠，但美國還有其他組織和機構，日本應該通過與國防部、國務院等機構的溝通和合作，來維護跟美國之間的同盟關係。不要忘記美國政府還有馬蒂斯國防部長等人，包括白宮和議會裏的人士、企業

家，以及知識份子等，當中還有很多可靠的人，日本應該跟這些人保持對話。我希望特朗普只是當一任總統。

與此同時，日本也不要做太極端的事情，應該堅持基本的政策和做法。日本應該繼續協助駐日美軍，保持密切的溝通和合作。至於跟中國的關係，日本也不用着急。

我關心琉球的情況，琉球的當地人會不會繼續支持美軍呢？我持懷疑的態度。駐沖繩本島的美軍能不能繼續駐守下去，還是要搬到別的地方？

加藤：　最近我在中國聽到一些關於「琉球」的言論，有些人甚至主張要把琉球奪回來，雖然我不相信這是黨政府和主流學者的立場和看法。這根本是不可能的事情，沖繩早就回歸日本了，是屬於日本的一部分，日本人也不用擔心。但有些中國人，特別是軍人往往主張日本應該把美軍趕走，以便變成真正獨立的主權國家。

傅高義：　對，那是不可能的事。如果日本把美軍從琉球趕走的話，是搬到本州嗎？

加藤：　我覺得不可能。您記得當年民主黨奪取政權後，鳩山由紀夫（Yukio Hatoyama）一度公開提出把普天間機場基地搬到國外，至少搬到沖繩縣以外，但結果沒做到。沖繩的人覺得被鳩山由紀夫，也就是日本政府欺騙和出賣了，覺得不能再信任日本政府了。今天沖繩的居民對日本政府和美國政府充滿了不滿和懷疑。我是本州人，我到沖繩與當地人交流時，也經常被批評「您們本州人某某」，甚至被說成是「您們日本人某某」。我也理解沖繩人這些年所受的苦難，我們本州人對他們也必須保持慈悲心和同情心。不過，我不認為在可預見的未來，駐日美軍會撤離，因為日本政府不願意，大多數日本人也不願意。但您剛才又提出美軍繼續留在沖繩也不現實。

傅高義： 不是不現實，而是很難。我在思考能不能有一部分美軍搬
到本州、四國，或者北海道呢？我對日本國內政治的詳細
情況也不了解，但就目前而言，美軍基本上是繼續留下
去。

與此同時，日本應該提升在國際社會上的作用，也應該促
進與歐洲、澳洲、印度等關係，變得更加密切。我認為日
本與世界各國的關係相當不錯，國際輿論也很好，在其他
國家問對於日本的看法，他們都很尊重也喜歡日本。不
過，在一些較大的問題和議題上，那些國家會不會考慮
日本的想法和聲音呢？他們並不怎麼考慮。日本如今沒有
像中曾根康弘那樣的大人物，安倍晉三還可以，至少比前
幾任首相好。日本在國際社會上也參加了不少有關和平的
活動，但如何擴大自己的作用和影響力，還是一個問題，
我希望像東京大學，探討中國問題的專家高原明生（Akio
Takahara）那樣的人會越來越多。日本也頻繁參加國際會
議，但日本派來的代表往往是官僚主義的人，而不是大人
物。從國際標準而言，日本人是好人，但不是大人，也就
是不太重要的人。我覺得日本也需要能夠在國際舞台上發
揮作用的人才，就像我之前提到的岡本行夫、田中均那樣
的前外交官。我認為您將來也可以成為那樣的人物，並發
揮作用，因為您非常了解中國，也了解全世界的情況。您
不想參加國會嗎，不打算當政治家嗎？

加藤： 我不否認，也不排斥。但就日本的國情和標準而言，我還
是比較年輕，也沒有任何背景，所以先要好好積累知識和
經驗，包括中美在內的國際社會的經歷和體驗。如果國家
需要我做什麼，我也願意做。就像 1993 年您到政府裏工
作那樣，如果我有機會能為國家做什麼，我也願意做。其
實，我覺得日本人很擅長做東西，包括汽車、蛋糕，甚至
一座城市，但我們不會説。

傅高義： 沒有説服力。

加藤： 對，説了也沒什麼説服力。日本人的聲音小、體格小、語言能力也不好。但就像您提及的，日本特別需要能夠向國際社會傳達日本的政策、態度、立場和決心的人，這種人才今天特別匱乏。我同意您的看法。

傅高義： 在醫療、公共衛生方面，武見敬三可能會發出一些聲音，因為這些領域他有經驗，也有自信，是一個特殊的人才，參加醫學方面的國際會議時，也能發表看法。我希望日本的政治及國會能夠給林芳正更好的機會和平台，日本怎麼培養人才也是一個問題。我非常喜歡參加我私塾的年輕人，但他們還是偏向官僚，像真正的政治家那樣的大人物，好像還沒有。

加藤： 所以培養人才對日本的未來而言，是一個關鍵的課題。

傅高義： 嗯。應該給那些年輕人更多的自信。河野太郎應該算是一個，他是能夠大膽説話的人，現在是一個政治家，他還年輕，但他是可以做大事的。他以前曾在這裏演講，我感覺他比其他日本人更好，更為自信。

加藤： 河野太郎的中方夥伴，是外交部長兼國務委員王毅，他也擔任過駐日大使。您覺得王毅是一個比較自信的，能夠向國際社會表達中國的看法和立場的大人物嗎？

傅高義： 他還是一個官僚，而不是大政治家。

加藤： 在您接觸或觀察過的中國政治家當中，有哪些人是符合您所描述的自信、大膽表達觀點的大人物呢？

傅高義： 我估計在省委書記、省長裏面的人才比較多。他們比較自信，可以大膽説話，也能參加世界的工作。有些地方的領導人也曾到哈佛甘迺迪學院學習，他們當中有些是很自信，能夠大膽説話，而且可以説服別人的那種人。

加藤： 例如李源潮？

傅高義與韓國前總統金大中的合照。

傅高義與前外交通商部長官、聯合國前秘書長潘基文的合照。

傅高義： 嗯，李源潮算是一個，王岐山也算。

加藤： 您覺得李克強怎麼樣？

傅高義： 李克強啊，差不多吧，關鍵在於他能發揮什麼作用吧。雖然我不太了解李克強，但如果習近平讓他做，他是可以發揮作用的。在鄧小平時代，鄧小平讓地方的幹部發揮才能，我認為胡耀邦當年也應該是讓下屬發揮作用的。所以，只要習近平下決心讓下屬，不管是中央還是地方的官員發揮所長，應該有不少有潛力的人才是可以發揮作用的。其實，看看日本的自民黨，那些高級領導人也不讓年輕人自由發揮才能，覺得年輕人應該聽話，這樣是無法讓年輕人變得自信的。

加藤： 我從您給我看的照片，了解到您見過金大中前總統，並且和前聯合國秘書長潘基文也很熟絡。在您看來，韓國的領導人是怎樣的呢？

傅高義： 潘基文不是領導人，他是守規的官僚，是一個非常用功的好人，他可以每天工作 15 小時，但他不是真正的政治家。我認識金大中，他是位能幹的政治家。還有朴正熙，我和一個韓國人一起編寫過關於他的書，我覺得朴正熙也是一個政治家，有當領導人的氣質。

加藤： 您怎麼看待新加坡的領導人呢？李光耀、李顯龍，還有您在哈佛給我介紹的吳作棟，等等。

傅高義： 李光耀是一個培養領袖的領導人，我跟他很熟。他的兒子李顯龍，以及吳作棟，都是李光耀親手栽培的。我記得在1979 年《日本名列第一》出版後，李光耀曾邀請我到新加坡，給內閣的工作人員講述日本的經驗。他很重視培養人才，包括接班人。他給政府內的下屬一定的自由，雖然新加坡國家小，但他會讓管財政、國防等不同部門的官員，廣泛地積累經驗，培養能力，這就是李光耀的做法。日本的政治家不太培養人才，自身也不是真正的領導人，頂多

在一個政府部門裏當大臣。我很好奇為什麼中曾根康弘也沒有培養領導人？

加藤：　我覺得中曾根康弘有點像小泉純一郎，他的政治是不怎麼依靠派閥的，他更多是特立獨行，所以可能沒有心思和精力培養領導人吧。

傅高義：　可能是吧。以前的日本自民黨是有派閥的，派閥內部有培養人才的機制，但如今似乎沒有了。

加藤：　自民黨與其他政黨相比，是有在派閥內培養年輕人的傳統的。而當年福田、田中、大平等領導人確實都是大人物，也有人情味，樂意帶着年輕人一起做大事業，但如今這種氛圍似乎淡薄了許多。

傅高義：　我聽你提到的幾個名字，想到了「吉田學校」。那些人一開始是擔任官員的，在做到一定位置後便辭職，參加競選，然後成為政治家。他們有自信也有地位，確實是大人物，比如福田赳夫的格局比他的兒子福田康夫更大。而宮澤喜一雖然知識很廣博，令人佩服，但還是小人物。田中角榮確實是一個領導人，那個年代的領袖依靠田中角榮做了很多事情，也解決了很多問題。

日本是不是中國的敵人？

加藤：　您怎麼看待日中關係的現況？2010 年、2012 年，一直到 2014 年那段時間，由於跟領土相關的問題，包括所謂「國有化」事件的發生，令中國國內出現了大規模的「反日遊行」。那段時期，不僅令日本和中國之間的外交關係惡化，國民感情也跟着變得緊張，日本人不相信中國人，中國人不信任日本人，互相陷入了一種惡性循環。2014 年11 月，中國在北京主辦亞太經濟合作組織（APEC）會議之際，習近平主席和安倍晉三首相見了面，隨後兩國之間的政治關係也逐步恢復，高層來往也一步步升級。2017 年

訪問日本的中國大陸遊客，高達 730 萬人次以上。我能感覺到，雖然他們對日本有很多的看法，但日本的技術、產品、服務、生活方式等在中國社會上，尤其是在生活於城市的年輕人中，得到了較為廣泛的好評。我願意相信，日中關係和日中交流是在往前走，而不是在開歷史的倒車。您如何看待當前的日中關係呢？

傅高義： 我確實不太理解 2010 年和 2012 年的時候（筆者註：撞船事件與「國有化」事件），中國的反應為什麼那麼強烈。之前，中國經濟總量超過了日本，因而變得比較驕傲，可能有想要告訴日本「你要聽我的」這種姿態。

另外，我覺得日本當時的民主黨（筆者註：現在改名為「民進黨」）在俄國的符拉迪沃斯托克的時候（筆者註：2012 年 9 月 7 日至 9 日，APEC 會議在俄國符拉迪沃斯托克召開，時任中國國家主席胡錦濤和日本首相野田佳彥 Yoshihiko Noda 在會場進行了短暫的寒暄），也處理得不好。

此外，中國是不是為了統一思想和愛國主義，而利用日本作為敵人呢？毛澤東在二戰的時候，就曾為了統一中國而利用日本，這是特別重要的戰略。1992 年和 1994 年的時候，江澤民也是為了統一思想，而加強愛國主義的教育。而到了 2010 年和 2012 年，中國有沒有為了統一思想，而把日本當作敵人的需要呢？

總之，我考慮過經濟、民主黨、愛國主義這三個因素。但我始終不理解，中國當時的反應為什麼那麼強烈呢？即使民主黨處理得不妥當，但為什麼會那麼極端呢？對於我提出的三點，您怎麼看？

加藤： 我認為您提出的三點都是存在的，也起了較大的作用。關於第一點，中國在 2008 年主辦了奧運會，對中國老百姓來說是深入民心的，對中國共產黨來說是發揚國力的一個標誌，證明中國也在世界舞台上發揮作用、有所作為。而隨後發生了金融危機，在西方各國的經濟模式遭遇一定程度

113

質疑的情況下，中國政府拿出四萬億人民幣刺激經濟，盡力避免中國經濟陷入下滑。那段時期的人們開始討論「國家資本主義」、「中國模式」，甚至「北京共識」。那段時間在北京的人們也提出「西方不行了！中國加油」之類的口號，相信很多人看到眼前的形勢，內心也會這樣想，黨和政府也感覺到了這一點。這個過程對中國的當事者們來說，應該也意味着自尊心的提高，加強了凝聚力。

2010 年，上海舉辦了世博會，中國經濟超過了日本，也正是那個時候，中國開始主張「核心利益」，對外政策變得更積極，甚至強硬，並要求各國承認和尊重中國的核心利益。與此同時，我們開始討論中國是否放棄了鄧小平的路線，即「韜光養晦，有所作為」。

第二點，是關於民主黨的。他們第一次當執政黨，經驗不足，的確處理得不太妥當。日本有其自身的問題，雖然我對野田政權有一些同情，也確實有一些無奈之處。

至於為什麼中方的反應如此極端？我認為其中一個原因是因為「國有化」事件，發生在中國開始主張「核心利益」後，中方覺得自己特別重視和保護的「核心利益」受到侵害，於是趁着事件的發生，甚至利用這一次事件把尖閣諸島（中國大陸叫釣魚島）的實際控制權奪回來。2012 年的下半年，中國駐美大使崔天凱有一次在甘迺迪學院做演講，他主張中國從來不承認日本對那個島嶼有實際的控制權和管轄權。當時我愣了一下，中國對那個島嶼主張的主權，日本也在主張，因為 1972 年美國把沖繩歸還給日本的時候，把那個島嶼的實際控制權和管轄權也一同歸還。由此一來，雖然雙方對這個島嶼都主張擁有主權，但一直以來是由日方實際控制的。對此，中日雙方也保持了相當程度的默契和配合。鄧小平以及當年的中國施政者知道也承認這一點，並以此為前提展開了對日和對外的政策，在這種認知的基礎上，才是鄧小平提出的擱置爭議。不過，

那天崔天凱的主張否認了連鄧小平都實際承認、當作前提的這一點，這說明什麼？我認為，也許是中國變得強大以後，開始主張和要求更多的權益，為此而否認了鄧小平曾經的承諾和立場。既然要主張核心利益，日方也開始了「國有化」，那就趁這個機會把島嶼的實際控制權重奪過來。我記得當時還有幾個中國官員、軍人、學者，在我面前提出「感謝日本，日本把釣魚島國有化，我們才有機會不承認，也主張實際控制權」。中國綜合國力的提升，以及隨之而來的核心利益訴求，是中國反應如此強烈和極端的最大的原因，也可以說是從胡錦濤政權，換到習近平政權的過程中所產生的，中國國家戰略的一部分。這是我的看法。

傅高義： 你覺得當時蔓延的排外，就是習近平為了統一思想而利用了與日本的關係。你覺得有沒有這個原因？

加藤： 我認為有。「國有化」事件發生在九月初，而兩個月後，習近平正式接任胡錦濤的職位。那麼，按照歷史及國際的通例而言，接任時期的政治往往是不穩定的，輿論也比較浮躁，各種資訊和傳言錯綜複雜。接班的過程需要一些東西來彌補權力的空白或缺陷，同時需要想盡辦法來鞏固國家的團結、輿論的凝聚、政權的穩固。在那樣的情況下，一個政府更有可能對外採取強硬的手段，而一邊對外強硬，一邊刺激國內的愛國主義和民族主義，就是您指出的統一思想，日本因素剛好在那種局勢下被利用了。

何況，那年的上半年發生了「薄熙來事件」，許多國內外人士在質疑中國共產黨政權是不是出了問題，有不安的要素，共產黨也意識到了這一點。在此情況下，尤其不能在對中共來說極為複雜和敏感的日本問題上出差錯，所以只能強硬應對，找出各種理由和藉口來表示強硬的態度，一方面避免了國家、輿論、政權的分裂，另一方面更是趁機改變有關島嶼問題的被動局面，順便鞏固政權，凝聚輿論。

傅高義： 我在回顧和聽到你的看法後，認為主要還是這三個因素，你覺得還有其他原因嗎？

加藤： 我覺得大致是您提出的三個因素，其他更加細節或技術性的情況，均是從這三個因素延伸出來的。

傅高義： 嗯，但我還是覺得當時中方的回應很極端，非常極端。

加藤： 2014 年 11 月，中國在北京舉辦 APEC 會議。那時候，習近平主席和安倍晉首相三進行了首腦會談，之前兩國政府也達成了「四點共識」（筆者註：一，雙方確認將遵守中日四個政治文件的各項原則和精神，繼續發展中日戰略互惠關係；二，雙方本着「正視歷史、面向未來」的精神，就克服影響兩國關係的政治障礙達成一些共識；三，雙方認識到圍繞釣魚島等東海海域近年來出現的緊張局勢存在不同主張，同意通過對話磋商防止局勢惡化，建立危機管控機制，避免發生不測事態；四，雙方同意利用各種管道逐步重啟政治、外交和安全對話，努力構建政治互信）。隨後，兩國的政治關係相對緩和了一些，在與領土有關的問題上也沒有那麼緊張。直到現在，日本和中國之間還是保持着比較穩定的政治關係、高層往來，以及民眾交流。您怎麼看待 APEC 會議上首腦會談及至今的日中關係？

傅高義： 我覺得，中國在 2012 年下半年對日本作出極端的反應後，逐步意識到這樣下去，事態會升級，甚至陷入危險期，於是便開始注重穩定性，把包括領土問題在內的對日政策重心放在穩定性上。

至於現今的中國對日政策，我認為經歷了兩個階段，第一個階段是把對日關係穩定下來，第二個階段是進一步改善中日關係，但既不要做得太好，也不能做得太差，需要保持一定的穩定性和平衡性。

另外，在這段時間內，中國也一直試圖離間日本和美國的關係，但不是完全離間，因為如果日本和美國不再有同盟

的關係，日本就會變得更獨立，中方害怕日本軍國主義的復蘇，那還不如保持跟美國的盟國關係，所以盡可能離間一些，這樣對中國的國家利益有更大的好處。

加藤：　中國人民解放軍大校、國防大學教授劉明福也曾對我説日本應該獨立起來，廢除《日美安保條約》，這樣才是符合日本未來走向和國家利益的道路，也有利於地區穩定及世界和平。據我觀察，與劉教授有同樣想法的中國人有不少。當然程度有所不同，有些人主張日美同盟應該解散，有些人認為應該保持一些距離，但中國人總是想把某一方拉攏過來，他們知道不可能拉攏美國，美國是敵人。因此，若要離間，甚至廢除日美同盟，就只能拉攏日本了。從日本的角度來説，這是不現實的。

中國人認為亞洲事務和中日關係處理得不好，都是美國在背後搞小動作，中國輿論至今仍然充滿類似的陰謀論。為了自己的利益和亞洲的太平，他們想拉攏日本，把美國從亞洲趕走。您怎麼看待他們這種想法呢？您應該也經常從中國人那裏聽到類似的看法吧？

傅高義：他們確實有這些想法。不過，我對中國持有一個比較明確的看法是，在中國不斷提高綜合國力和國際影響力，以及世界日益複雜和不明朗的情況下，中國不會想跟美國打仗。現在不想，即使將來中方的軍事實力超過美國，也不會想，因為後果很嚴重。

既然不能用軍事手段，就要用政治手段，也就是你所説的拉攏。從拉攏的角度而言，日本是很重要的國家——世界第三經濟大國，而歐洲也十分重要，印度將來可能也很重要，所以拉攏是中國當下對外工作中重要的一環。日本也可以跟中國合作，但在中方的拉攏戰略面前，還是有機會遇到一些危險。假如沒有跟美國的同盟關係，日本在對華關係上可能會遇到一些麻煩。

加藤： 您認為如今的日中關係已經走出最危險的局面，到了一定
的穩定期，並走向比較正常的、健康的軌道嗎？

傅高義： 我覺得美國人沒有想過這個問題，例如特朗普這個人，想
得太簡單。我一直在思考中日關係及其對美國的影響，美
國國防部應該希望繼續維持日美同盟的關係，把美國的軍
隊駐守在日本沖繩，並請日方提供一些幫助，包括經費方
面的協助。目前世界上與美國形成敵對關係的國家，當然
是中國，所以美國應該會與日本保持同盟的關係。另外，
二戰結束後，美國人發現跟日本人共事比較舒服，日本人
做事也可靠。雖然雙方在 1980 年代後期出現競爭，但後來
日本企業在美國很講求規矩，他們也參與到美國社會中，
講究民主，雙方可以坦率地進行交流，對美國人而言，日
本是可靠的國家。

朝鮮為什麼不敢開放？

加藤： 您怎麼看朝鮮半島的問題和將來？您見過金大中、朴正熙
這些韓國總統，那麼您有沒有見過朝鮮的領導人？

傅高義： 沒有。

加藤： 今年圍繞朝鮮半島發生了一些戲劇性的事件，比如在新加
坡舉行了特朗普總統與金正恩委員長之間的會談，而上半
年習近平主席和金正恩曾在三個月內會面三次。雖然我們
也不敢相信，但金正恩說要朝着無核化發展。按照您的判
斷，朝鮮半島接下來是向着南北統一的方向發展，還是維
持現狀呢？美軍會一直停留在朝鮮半島嗎？未來朝鮮半島
的危機是變大還是變小呢？

傅高義： 我最近去了遼寧，與當地社科院等朝鮮問題專家進行了交
流。我也去了丹東，見到了當地的副市長，我們的討論也
很有意思。

首先，我們可以思考，朝鮮為什麼不敢開放？朝鮮的領導人害怕，一旦開放市場，韓國、日本等企業家紛紛進來，他們會利用經濟力量控制朝鮮。相比之下，中國為什麼可以開放呢？因為台灣面積那麼小，人口也比大陸少很多。而韓國的經濟、軍隊、人口，都較朝鮮強，所以朝鮮不敢開放。丹東的副市長告訴我，新義州和丹東的領導經常見面。新義州方面也告訴丹東關於朝鮮準備一步步開放的情況，我覺得這樣的第一步是非常好的開始，也是必要的。韓國和日本也可以幫助朝鮮慢慢開放，但速度不要太快，否則會令朝鮮方面會感到被控制，甚至害怕崩潰。

對我們來説，第一步是如何幫助朝鮮促進產業化和開放，同時讓他們有機會和空間保護自己的力量，這是未來十多年的首要課題。關於將來，我有一位駐華盛頓的韓國大使朋友，他姓金，在哈佛大學取得博士學位。他告訴我，幾百年來，朝鮮在中國大陸的影響下，想要保護獨立是不容易的，中國的力量如此大，朝鮮人抵抗的精神也很強，為保護而要抵抗，這是朝鮮人的思想。

我覺得幾十年後，對朝鮮半島影響最大的應該是中國大陸，她的影響力會超過美國、日本。我估計朝鮮將來也會依靠美國、日本、歐洲等國家的力量來保護自己，抗衡中國。我認為朝鮮人的外語能力是很強的，他們也非常了解世界各地的情況，在東亞裏面，朝鮮人這方面的能力可能是最出色的。

至於朝鮮半島的未來走向，我認為南北朝鮮變成一個統一、獨立的國家是有可能的，但進展不會很快，因為朝鮮害怕。中國的影響最大，但朝鮮人有辦法跟美國、日本等國家保持聯絡。以前，蘇聯和中國是朝鮮的領導，朝鮮很有想法和辦法，他們應對蘇聯時依靠中國，應對中國時依靠蘇聯，他們擅長利用這樣的關係來達到保護獨立的目標。我希望將來外界會幫助南北朝鮮變成一個統一獨立的

國家。最近南北朝鮮的領導人互相見面，這是好事。但朝鮮至今仍然害怕，不讓韓國企業在朝鮮國內做生意，所以要慢慢來。

加藤：　長遠地看，朝鮮半島的未來走向確實說不準，但如您剛才所說的，南韓北韓或南北朝鮮通過內部，即朝鮮民族的自身力量，一步一步加深聯繫和關係，最終有可能實現某種統一，而外部力量應該盡可能尊重他們民族的意志和做法。您是這樣看，對吧？

傅高義：對的，我就是這麼想的。

致中、美、日的年輕人

加藤：　您對於平時在傅高義私塾打交道的年輕人，特別是那些對於東亞感興趣的知識份子、政府官員、企業家等，有什麼建議呢？

傅高義：我對美國人的建議是：第一，要好好學習語言，比如學習中文和日文；第二，要跟這些國家的人交朋友；第三，要學習歷史，並且要比較全面地學習和了解他們的歷史；第四，要盡可能參加一些活動，有機會時向華盛頓建言獻策。我認為如今在位於華盛頓的布魯金斯、卡耐基等智庫中工作的人員，對於中國及華盛頓的政策圈也非常了解，所以學者們應該跟他們保持聯絡。在我看來，就中國研究而言，以往是以紐約、波士頓為中心，但如今華盛頓才是中心，所以華盛頓以外的人，都應該跟那些智庫人員保持聯系。

我建議日本年輕人應該更大膽、全面地考慮事情，而不單單從自己所屬的工作單位角度考慮問題。關於這方面，我也希望自己主辦的私塾能有所進步，因為他們每一個月在這裏討論、做報告，交流得不錯，但私塾還沒有成為讓他們更大膽地思考和討論問題的平台。日本年輕人可以到外

國，比如美國、歐洲等麥肯錫、波士頓諮詢公司工作，但還是未能大膽地思考和討論問題。我覺得參加私塾的人當中，JICA（筆者註：獨立行政法人日本國際協力機構）的人不錯，他們很認真地考慮關於海外的情況，也培養了國際的人才。但我希望更多優秀的日本年輕人成為政治上的領導人。

至於中國的年輕人，我覺得他們在美國非常積極地學習東西，而且基本都學會了，但同時他們得聽從上層的話。我跟一個年輕的中國朋友說，你回去以後要聽從老闆的話，特別要學會在他們的制度之下工作，但你可以保留你原有的想法。假如有一天機會來了，便好好利用這個機會，好好發揮自己的作用，你要為那一天做好準備，包括思想方面的準備。這也是我對廣泛的中國年輕人所提出的建議。

第三章

我希望看到一個
怎樣的中國

第一次訪問中國

傅高義： 我在 1973 年第一次訪問中國，當時參加了自然科學的訪華代表團。代表團裏有自然科學界非常著名的學者，其中包括加州大學的校長等。當時，中方只要求自然科學的學者參與活動，但美方要求增加幾位研究社會科學的人士，特別是研究中國問題的學者。除了我以外，還有研究中國歷史、文學和美術的學者，我們都是以非自然科學的身份參加這次代表團。這張照片裏有周恩來、郭沫若、費孝通，以及北大校長周培源。

　　有一個關於周培源的故事，我們當時去北大，是他親自來接待我們，他說「歡迎！歡迎！」然後對我們說有另外一位同事更了解北京的情況，所以由他負責介紹，結果那個人說的內容太簡單，而且話題都是有關「文化大革命」。這是我 1973 年第一次訪問中國的情形。後來我沒有機會再前往中國，直到 1980 年，我在廣州的中山大學待了兩個月。

加藤： 您第一次訪問中國，就去了北京、上海、蘇州、南京、廣州等地生活了三個星期，並在北京會見了周恩來，您對這位本來只能夠間接了解的中國領導人的第一印象如何？

傅高義： 會見周恩來的前一天，我們見到了喬冠華，事前經過一些溝通。當時，人們都說周恩來很和氣，但我不認為如此，我感到他比較強硬。後來得悉在 1972 年的時候，周恩來已經患有癌症。我們見面的時候，是不知道這個情況的。周恩來顯得有些緊張，表情也較嚴肅，始終表現出一個偉大領導的姿態。當時是由 Nancy Tang（筆者註：中文名叫唐聞生）負責翻譯。在兩個小時的會面過程中，周恩來給我們講述了中國的歷史，以及談論了環境問題，提及英國在 1920 年代，用煤炭發展經濟，導致環境惡化，中國現在也面臨同樣的問題等。他還談論了

照片為傅高義（見▼）在1973年第一次訪問中國時和周恩來總理（見▲）的合影。

中美關係，以及台灣問題。他很了解當時的情況和問題，我也非常佩服他，能跟這樣的人見面交流，當然是一件好事。我們當時住在北京飯店，工作人員說可能有重要的領導人要跟我們見面，隨後便有車接送我們前往人民大會堂，到了現場才知道，原來要跟我們見面的是周恩來。其實，我在前往的途中也猜測可能是他，但到了人民大會堂見到本人以後，還是相當感動，能跟世界政治上這麼重要的人見面，覺得機會難得。

加藤： 您描述的這個場景讓我想起 2008 年 5 月 1 日，當時我在北京大學念書，留學生辦公室的一位老師告訴我，3 號的早上有一個會面，要我預留時間。我說到時候我可能有事情來不了，老師說：「不能有事情，必須空着。」當時我也感到莫名其妙，直到那天早上，去到北大西南門附近的一間房間才知道，原來要見面的是胡錦濤總書記。這就是中國的風格，從您那時到現在都沒有變化。

傅高義： 對，這是他們的風格。

加藤： 1973 年，您第一次訪問中國時，尼克森總統已經訪華，但當時中美還沒有建交，美國與台灣仍有外交關係。在這樣的情勢下，中方與美國代表團見面交流，可以想像當中的複雜、微妙。周恩來態度嚴肅，是不是跟那時的敏感時期有關？

傅高義： 可能會有這個因素。但我後來分析，可能是因為他當時已經知道自己患了癌症，所以他表現出嚴肅的態度。雖然在兩個小時的會談中，他很詳細地發表了自己的看法，知識面很廣博，我們也十分佩服他，但我們感覺周恩來非常嚴肅和緊張，以至我們覺得有點不舒服。

加藤： 當時有沒有美方代表團的成員向周恩來提問呢？

傅高義： 有人提問。我記得是四個社會科學學者當中，負責研究歷史的密西根大學教授，提出了有關歷史的問題。而我沒有提問。

加藤： 談話中有沒有什麼給您留下深刻的印象？

傅高義： 沒有特別深刻的話。但我能感覺到，周恩來的目的是為了讓中國科學家與美國科學家互相認識、進行交流，以便培養中國的科學家。當時在場的中方代表似乎避免發言，例如周培源，他也很避忌說話。

加藤： 為什麼呢？

傅高義：「文化大革命」時期！誰都怕說話。那時候人人都非常緊張。

中國應該堅持鄧小平路線

加藤： 您提到江澤民、胡錦濤繼承了鄧小平的道路，所以中國才能發展得這麼快，也基本處理好與世界各國的關係。倘若中國要在與世界各國保持良好、穩定關係的前提下持續發展，就需要好好地跟着鄧小平的步伐。在您看來，目前習近平和中國所走的路和做的事，是繼承鄧小平的路線嗎？

傅高義： 基本上是繼承了鄧小平的路線。改革開放、市場經濟、國際接軌等發展，都是鄧小平提出的核心，習近平也堅持着這些核心。毛澤東的路線和鄧小平的路線，習近平較偏向於後者。雖然習近平說着毛澤東的話，但基本上是跟隨着鄧小平的步伐，雖然他的政治較保守，令整個社會環境變得很緊張。但習近平在上台後，就立即去拜會了深圳的鄧小平銅像，這大概表明他打算走鄧小平的道路吧。我是這樣理解和觀察的。

加藤： 根據我的理解，鄧小平的路線和道路是，中國在堅持社會主義和共產黨領導的前提下，不斷深化市場經濟，推動跟世界接軌，以改革與開放的雙軌實現現代化建設。展望未來十年，如果中國要繼續向好的方向發展，同時不斷融入國際社會，那麼應該繼續堅持鄧小平的道路嗎？

傅高義全家於2015年訪問中國期間，在深圳的鄧小平銅像前拍照留念。

傅高義： 展望未來十年，我覺得基本上要繼續維持現在的做法，估計要繼續實行現在七成的方式，剩下的三成是遇到其他問題的可能性。比如經濟發展放緩，甚至降到低速增長，對目前的情況和形勢，習近平應該在很多方面都希望提升，尤其在軍隊裏面，知識份子的力量也在減弱。在這些情況下，我認為中國遇到一些問題的可能性是三成左右。當然，我有時候也會認為是八成和兩成，或六成和四成，我也不是完全有把握的。這大概是我對中國未來十年發展的基本展望吧，不會發生意外的可能性比會發生意外的可能性要大。

加藤： 如果您有機會與習近平見面交流，您會給他什麼建議？

傅高義： 在對外政策方面，我會建議中國把和美國、澳洲、歐洲、日本等國家的關係處理得好一些，例如在知識產權問題上，應該多聆聽外國的意見。對於來自西方發達國家的訴求，特別是他們對於公平性的訴求，中國應該要多聆聽和妥協，而非採取強硬態度。至於和非洲、拉美國家的關係，中國整體做得不錯，當然有時候還是太過強硬，對當地的情況考慮得不夠周詳，也沒有培養好當地的能力建設等。但這些問題不大，最大的問題還是與美國、歐洲、日本等國家的關係，中國需要學會妥協才能處理好彼此的關係。

在國內政策方面，中國應該要放鬆一些，我明白中國的領導人擔心戈爾巴喬夫的問題，所以慎重地做決策是可以的，但不要太快，也沒有必要一步到位，要給社會和民眾多一點自由，讓他們可以更自由地說話和書寫。方向雖然不能變，但節奏可以把握，一步一步慢慢來。國有企業在中國經濟當中的地位太大，作用太強，我在哈佛研究經濟學的同事曾提及國有企業的問題比較多，相比之下，民營企業更為優良，所以中方應該讓民營企業在中國經濟當中發揮更大的作用。地方政府的債務問題也比較大，這需要

有更好的管理，政府可以在這方面發揮一些優勢和作用。至於企業的研發等，我認為中國應該支持更多本地企業跟大學和外國的同行合作，而不只是單純支持本國的機構，而是把重點放在國際合作方面。

「六四」問題與中國的未來

加藤：　我當時剛到哈佛的時候是 2012 年 8 月底，您正忙着《鄧小平時代》中文簡體版的出版，其中最頭疼和費勁的，就是如何處理「六四」的部分。

傅高義：「六四」的時候你幾歲？還沒有到中國吧？

加藤：　我是 2003 年到北京的。

傅高義：「六四」發生的 14 年後。

加藤：　是的。我的基本的看法是，中國歸根結底是繞不開那段歷史的。如果中國要長遠、健康、帶着威望發展下去的話，就需要正視歷史。如果中國不認真面對它，國際社會，包括美國和日本也很難從根子上信任中國。如果習近平真的希望給歷史留下名譽和貢獻，他需要勇敢面對，就像當年鄧小平面對「文化大革命」一樣，承認「文革」的不當。假如沒有鄧小平這樣公開承認和面對，怎麼可能有後來的改革開放呢？所以，如今，或未來的一段時間內，習近平應該像當年鄧小平面對文革一樣，在今天面對相同的問題，否則中國的改革開放事業也難以，甚至無法長期健康地持續下去。

傅高義：我完全同意你的看法。不過，在我看來，中國共產黨圍繞「大躍進」和「文化大革命」的問題也沒講清楚，所以恐怕還談不到「六四」。中國人說當年日本人很壞，但我有時候在想，那為什麼共產黨就不能坦然面對過去。我認為，從鄧小平開始，他們便不認同「文化大革命」和「大躍進」，但是，為了國家統一，也不能承認。因為，「文化

大革命」的問題涉及很多人，參加工作的人太多了，他們都是有責任的。那麼批評「文革」，等於批評這些人，涉及的人群太多，就不好統一了。所以，不能認錯，最好還是不談。

「六四」的時候，鄧小平那年 5 月 20 日派軍隊到北京，說不要動武，但人家不讓他走。我想，1986 年，鄧小平不完全反對民主運動，所以開始跟方勵之談話，鄧小平沒有反對他，讓他繼續做，也讓他到美國去，還有劉賓雁，他住在我家一年。鄧小平是允許他們到美國去的。我估計習近平現在不會這麼做了。所以，我的看法是，到了 1989 年的 4 月和 5 月，鄧小平仍然認為中國應該擴大民主，不要馬上抓人。但到 5 月底那個時候，實在沒辦法，只好靠軍隊的方式解決問題，他也不滿意、不高興，但沒有更好的辦法。

我個人認為，鄧小平在兩三個地方有不足。一個是 1988 年的價格改革，那時讓人們都非常緊張。第二個是 4 月 25 日《人民日報》把學生的行為斷定為「反革命」，對此，學生們是特別反對的。寫這篇社論的人認為沒事，以為學生不會鬧事，但結果相反。到了 5 月底，鬧事的人實在太多，鄧小平最終也實在沒辦法。要是我坐在跟鄧小平同樣的位置，我恐怕也會做同樣的事情。我一般不會在美國公開講這個話，因為人們會批評我，會對着我說「你就是壞蛋！你為什麼支持做壞事的人？！」在美國有一些學者確實對我有這樣的看法。他們覺得我對鄧小平太包容了，應該如實批評「六四」。但一個國家的領導要考慮的事情很多，我們美國在伊拉克、敍利亞、越南等地方奪了那麼多人命，他們覺得這個沒有錯，但卻覺得當年天安門廣場造成了傷亡就是錯。我的看法是，兩件事情都造成傷亡，是不當的。

加藤： 明年是「六四」三十周年，我覺得這個節點很重要。我的
看法是，不管當年的國家領導是因為什麼原因，但「六四」
的確造成了傷亡。既然是事實，還得承認，然後繼續向
前。任何國家，包括美國和日本的歷史上都有污點，關鍵
是坦誠面對，在曲折中前進。作為一個熱愛中國和中國人
的人，我希望中國和中國人能夠這樣做。您認為，中共和
習近平該如何面對「六四」呢？換句話說，中國未來的發
展和面對「六四」之間存在什麼樣的關係？

傅高義： 恐怕現在還不太容易，氣氛這麼緊張，若是情況好一
些，還可以談。《鄧小平時代》的中文簡體版中也有關於
「六四」的描述。當時有一個香港的記者寫了一篇文章説，
中國共產黨可能是利用我的書，讓中國的老百姓多一點了
解「六四」。因為，我對鄧小平的總體評價是積極的，我
主張鄧小平是一個好人，但也在「六四」的問題上做了那
些事。出版本書中文繁體版的香港中文大學出版社的甘琦
也持有同樣的看法。我們討論過胡錦濤，他個人對日本的
態度和看法是好的，他在青年的時候也訪問過日本，跟日
本人之間有交流。2002 年，馬立誠去日本寫文章，我很喜
歡馬立誠，他很大膽。那段時間，胡錦濤可能也希望通過
這樣的動作和方式改變人們對日本的看法的。「六四」在某
種意義上也一樣，有一些人希望通過一些動作和方式改變
人們的看法。那麼，或許，有一些人確實利用了我的《鄧
小平時代》，試圖加深人們對「六四」的認識，甚至改變
人們的想法。

加藤： 我曾經有問一個「紅二代」：中共什麼時候平反「六四」？
他的回答很明確：統一台灣之前不能平反，統一了台灣，
才能考慮平反「六四」。

傅高義：「六四」跟台灣有什麼關係？

加藤：　從中共統一祖國的角度來説，台灣是最後的、最大的問題。他們害怕在實現統一之前平反「六四」，國家會亂，那就更不可能實現統一了。還是跟「亂」和「怕亂」有關係。中共或許確實從您強調的「統一」兩個字的角度來看待「六四」問題。

傅高義：　我明白了。

鄧小平：從軍隊生活到家庭生活

加藤：　您是研究家庭問題出身的，那麼這些經歷對您研究鄧小平的家庭有什麼幫助嗎？我相信，您對鄧小平的研究和理解離不開對其家庭的研究。您曾説過，鄧小平比習近平有更多時間和精力照顧家人。根據您的表述，鄧小平對其妻子、女兒、兒子都很好。作為家庭問題專家，您怎麼看待鄧小平的家庭觀及其作為，特別是在當年那樣複雜的政治和時代背景之下。

傅高義：　鄧小平的家庭很特殊。因為，他當年參加軍隊，把孩子交給別人撫養，他的妻子也是由別人來照顧的。所以我認為他的孩子不是他自己養育的，而是在別人幫助下長大的。但總而言之，鄧小平與家人的關係不錯。他們一家能重聚生活，應該是解放初期在四川的時候。此前，他並沒有家庭生活，只有軍隊生活，他的孩子可以説是在組織裏長大的，因為在軍隊裏，就不是一個小家庭。1949 年解放的時候，他在四川的西南軍區帶領軍隊，他的住所在院子裏，也算是大家庭。但他的大家庭和我的大家庭不一樣，哈哈。我是每年走訪親戚，他則是在院子裏生活。

加藤：　中文應該叫「大院兒」，我身邊一些同年代的中國朋友的父親是軍人，他們往往自我介紹：「我是在大院兒裏長大的。」這句話包含的意思，就是在軍人家庭的生活形態。它既是中國社會的一部分，也是一種政治生活。

傅高義： 對，大院兒。我有大家庭，但沒有大院兒。鄧小平在解放
初期是在大院兒裏生活的，當時他的孩子不是在美國、日
本那樣的小家庭裏長大，而是在軍隊的大院兒裏生活。有
一些小家庭是爸爸給孩子們提供嚴肅的教育，但鄧小平沒
有那樣做，因為孩子是別人照顧的，他在孩子面前並不
像父親，而是像朋友，但他和孩子之間的關係沒有那麼密
切。

為什麼寫胡耀邦？

加藤： 您説難以理解大部分中國人心裏在想什麼。那麼，您通過
各種研究和採訪，努力走近鄧小平，雖然您沒有見過他，
但您覺得自己了解他內在嗎？

傅高義： 我覺得我了解鄧小平。因為我通過很多方面，包括通過鄧
小平的孩子去了解鄧小平本人，通過孩子對爸爸的描述，
我知道他們對爸爸的看法，我也從中認識了鄧小平。另
外，我接下來打算寫關於胡耀邦的書。現在，由於中日關
係的書還有很多事情要處理，還需要等一兩個月才能開始
着手。我為什麼要寫胡耀邦呢？兩個理由，第一，很多中
國人喜歡和佩服胡耀邦；第二，胡耀邦的思想比較開放，
這有利於我了解和研究他，同時也有利於中國未來的發展
能重視思想開放，我也希望通過自己的努力去推動這個方
向發展。胡耀邦和習仲勳算是互相信任的好朋友，習近平
也佩服胡耀邦，胡耀邦亦幫助過習近平。胡耀邦的夫人去
世的時候，習近平也參加了葬禮。

加藤： 而且您也認識胡耀邦的兒子，這個人脈關係也有助您了解
和研究胡耀邦吧？

傅高義： 是的，而且我可以告訴你，是胡德平希望，甚至「要求」
我寫他爸爸的。這一點對我研究和書寫胡耀邦的事情有極
大的幫助。胡德平還有一個朋友叫李盛平，他有很多關於

胡耀邦的資料。中國大陸沒有胡耀邦的年譜，李盛平就在香港出版了胡耀邦的年譜。李盛平和胡德平一起給我壓力啊！他們要我快點着手編寫胡耀邦的書。所以，圍繞我寫胡耀邦的環境是非常好的，他們特別支持我。

加藤： 　除了中國人，日本人和美國人也會很關注您這本書。因為日本人對胡耀邦的印象很好，當年胡耀邦與中曾根康弘首相的關係在日本很出名，至於美國方面，就是胡耀邦與列根總統的關係了。所以，這本書對中美日之間的交流和關係，都能帶來積極的作用。

傅高義： 我希望這樣吧。着手研究和寫作後，大概需要 3 至 4 年的時間，如果我還活着，身體無恙的話，我會努力寫下去。

後奧運時代的中國

加藤： 　您現在戴的是 2008 年北京奧運會的帽子。您當時在北京嗎？

傅高義： 我每年都去北京，一直如此，所以具體的情況記不清楚了。北京奧運那年的夏天，你也在北京嗎？

加藤： 　我也在北京。您覺得，奧運結束後，北京有沒有什麼變化？就日本而言，1964 年東京奧運會對日本戰後的發展，起到了非常重要的作用。

傅高義： 當時我在現場，我也每年都去日本。那時候的地方、氛圍等，我都記得。我曾在東京奧運會的會場附近跑步，所以記得很清楚。通過舉辦奧運發揚國力，日本、中國都是一樣的，英文是「Coming out party」。澳洲在 2000 年也舉辦了奧運會，我記得當時中國非常反對，質疑為什麼不讓中國主辦奧運的愛國主義精神也無處不在。後來，北京舉辦了奧運。那是一次很成功的奧運會，較其他奧運會更有規模，並由張藝謀來主導開幕式，中國很重視那次奧運會。

中國也試圖通過舉辦奧運與世界對話和接軌，所以我記得2007年的時候，中國也有意改善跟日本的關係，因為需要讓世界各國參加和支持北京奧運。當然，中國那時已經知道自己的經濟快要超越日本了，事實上，兩年之後中國經濟的確超越了日本。舉辦北京奧運會時，中國已經很有自信了。但當時中國還是比較低調，因為知道自己仍有很多不足，但中國還是跟大家證明了她是可以的。今天，中國已經變得很不一樣了。

加藤：　我們對談的時間是2018年8月，北京奧運正好過去了十年。回顧這十年，您對中國有什麼感想？十年前，您預測十年後的中國是怎樣的？

傅高義：有兩點是我料想不到的，一是我想不到中國的經濟發展能以這樣的速度持續到今天，我以為北京奧運結束後，中國的經濟發展會稍為放緩，但卻比我想像中更快，更持續。另一點是，我想不到習近平的政策會這樣保守，局面會變得這麼緊張。江澤民和胡錦濤基本上是跟隨着鄧小平鋪墊的道路發展，所以中國與世界各國的關係處理得不錯，但如今有所不同了。

我不知道今後的情況會不會好一些，但我不明白習近平為什麼會採取強硬的政策，令社會陷入緊張的狀態，他比胡錦濤更厲害。所以我覺得現在的學生和教授們雖然不會公開反對，但不等於完全同意習近平的做法。他什麼都做，連總理的工作也由他來負責。很多人都私下反對習近平這種做法。你覺得呢？

加藤：　習近平比我想像的要強硬和保守得多。其實，我們在習近平剛剛就任的2012年至2013年的時候，也討論了很多相關的問題。習近平是習仲勳的兒子，他上台不久後，就去深圳拜訪了鄧小平的銅像，他還在福建、浙江、上海這些比較開放的沿海省市做過領導人，我們以為他會是一個思

想開放的改革派。我記得傅老師當時也有這樣的基本判斷吧？

傅高義：是啊，我也以為習近平是一個開放的改革派。如今，我也不清楚他為什麼會像現在這樣，也不明白他到底在怎麼想，接下來要做什麼。

加藤：　他還修改憲法，廢除任期限制，成為終身國家主席，這是我沒有想到的，而且很多美國人、日本人，包括官方和民間人士，甚至一般老百姓都會覺得這樣不好，覺得違背了現代法治社會的建設，這樣下去，中國的國家公信力也會嚴重受挫。

傅高義：我也沒有考慮到你剛才說的這些情況。其實，如今我在進一步思考自己的作用。我的作用是什麼呢？我既能夠也應該說出中國人心裏想但不能說的話，我大概知道中國知識份子想說但不能說的話。比如中國記者來採訪我，他們會引用我的一些觀點，但實際上他們是利用我的話，來表達他們想表達的東西，他們可以更自由地引用我的話。這也是我如今應該在中國扮演的角色吧。

加藤：　其實我也想扮演這樣的角色，但恐怕很難，一方面我不是傅高義，另一方面我是一個日本人，而不是美國人。中國人對於日本人和美國人的感覺和接受程度還是大不同的。

傅高義：對的，我理解。在中國，日本人確實很為難，我明白你的難處。我比你幸運，我是相對容易的。

如何評價習近平？

加藤：　我們之前討論習近平時，分享過「沒有想到」的看法。我們以為習近平是一個改革派，會好好地繼承鄧小平所鋪墊的改革開放道路。當然，習近平也提出了一些改革口號，也會做一些事情，包括降低關稅，給民營、外國企業更多便利，提倡國有企業改革、簡政放權、供給側結構性改革

等，但究竟能做多少、走多遠，似乎還有很多變數。您怎麼評價他？

傅高義：　我覺得，習近平對腐敗的治理是不錯的。前一段時間，中國的貪污問題猖獗，政府官員從飯局、單位和土地上獲利。曾有一位哈佛的同事研究蘇聯，並寫了一本《私有化的俄羅斯》(*Privatizing Russia*)，說的是官員把國家、公有的財產變成自己的東西。不過，我認為這也不是鄧小平的錯誤，而是制度的問題，鄧小平當年為了推動經濟是需要支援市場的，如果管得太多，或過多的處分，會令官員不敢做事。所以，鄧小平就鼓勵官員們「好好做！」

加藤：　　您覺得鄧小平當年有沒有預計到後來的貪污情況會如此嚴重呢？

傅高義：　鄧小平當年主要考慮的應該是 5 年後、10 年後的事情，並考慮為了達到預期的目標該做什麼。當然，鄧小平也有長遠計劃，對於 20 年後可能造成的局面，他應該也曾考慮過，但不是非常仔細，因為當前有更加迫在眉睫的事情。為此，他首先要做的是鼓勵官員和人們好好做事。而且我認為他即使為 20 年後可能造成腐敗的局面，考慮得更仔細和作出一些對策，效果也是差不多。

　　回到習近平的政策，他的反腐敗工作非常不簡單。因為他抓的那些人都是有地位的，也有家人和財產，局面非常複雜，大家都擔心明天被抓的人會不會是自己，那麼這些人都會變成習近平的敵人。所以在反腐敗這一點上，我們不能批評習近平。我最近去了歐洲國家，包括前蘇聯，我認為戈爾巴喬夫的經驗對中國來說就是教訓。一旦放鬆和放開，就管不住了，過於放開，國家就會難以治理，甚至可能崩潰。我相信習近平考慮和參考的，應該是戈爾巴喬夫這樣的經歷。中國有那麼多能幹的人想做事情，一旦不管了，局面就沒法收拾了，所以寧願收緊一些，抓得緊一些。

加藤：　您曾經在一些採訪裏表達過一個觀點，鄧小平當年怕的是
　　　　亂。那麼在您看來，今天習近平怕的同樣是亂嗎？

傅高義：對，習近平怕的也是亂，所以要管得非常緊。以前的人沒
　　　　有錢，所以黨說什麼，人們就聽什麼。但如今有錢的人這
　　　　麼多，他們把錢放存在外國。對政府來說，該如何管治這
　　　　種局面的確不是簡單的問題。另外，鄧小平在法國生活了
　　　　五年，在蘇聯停留了一年，在海外見過不少領導人，相比
　　　　之下，習近平是在「文化大革命」的環節裏長大的，那個
　　　　時代沒有組織，也沒有計劃，只有鬥爭。所以，我認為在
　　　　習近平的經歷裏，「鬥」的因素佔了很大的部分，甚至過
　　　　多，他對於「鬥」的經驗太豐富了。這些經歷導致習近平
　　　　不太知道如何真正領導一個國家，他是從鬥爭的角度從政
　　　　的。這可能也是一個問題。

加藤：　據我觀察，中國許多人都認為反腐敗鬥爭是需要的，也很
　　　　支持。不過，反腐敗鬥爭也醞釀了很多敵對勢利和反對
　　　　派，這實際上是變相的權力鬥爭。習近平也遭到許多來自
　　　　反對者的壓力，他也一直面對壓力。您同意嗎？

傅高義：我同意。而且在鄧小平當領導人的時候，他有很多的下
　　　　屬，即使二戰期間，其部下也非常多。很多人會聽從他的
　　　　話，很多人都佩服鄧小平。而習近平方面，雖然他的下
　　　　屬表面上很聽從他的講話和指揮，但我認為習近平的權威
　　　　不如鄧小平。在毛澤東、周恩來的時代，鄧小平真正領導
　　　　過軍隊，這樣的經歷令鄧小平的威望比習近平更大。鄧小
　　　　平可以上午看材料和報紙，下午與一些人會面，晚上休息
　　　　時，玩兒、打牌、看電視都可以，因為他有威望。相比之
　　　　下，習近平因為沒有這些經歷，才需要建立許多小組，晚
　　　　上也要開會，英文是 Micro Management（微觀管理），也就
　　　　是詳細、微小的瑣碎事都要管。而鄧小平不需要理會那些
　　　　瑣碎事，因為他有權威。他可以把更多的時間和精力，投
　　　　入到考慮影響國家大事的廣泛事情上。習近平也沒有在北

京工作過，雖然他有一些一起長大的領導人朋友，但這不等於了解站在中央領導人的位置上，應該如何領導一個國家。我是這樣比較鄧小平和習近平的。

如何看待中國的新時代口號

加藤： 您怎麼評價習近平上台以後所提倡的口號和倡議？例如「一帶一路」等。我們日本人對中國古代的絲綢之路很熟悉，一方面是文化上對絲綢之路有所認同，另一方面是因為古時的日本會向古代中國朝貢，中國是中心，日本是邊緣，我們也經常用「中華思想」，就是以中國為中心來形容中國歷史。習近平提出了「中華民族的偉大復興」、「中國夢」等口號，當中的「復興」到底是想回到歷史上的哪個年代？我們知道習近平是陝西人，陝西以漢代和唐代最繁榮。

傅高義： 長安。

加藤： 對，是長安。2016 年的夏天，我有機會在西安逗留三星期做一些調研，當時我和幾位認識年輕時的習近平的人士交流，並向他們問及習近平所說的中華民族偉大復興，到底是想回到什麼年代，他們一律回答說「應該是盛唐時代」，唐代定都於長安，是他家鄉的繁華年代。聽到這樣的故事，作為一個日本人，我不能不感歎，我相信包括韓國、東南亞各國等在內，或多或少都會感到恐懼，中國要重新回到自己作為「天子」的時代。「中國」這個國名的背後含義，我們都是很清楚的。中國還是想做世界的中心，甚至是世界本身。總之，看着習近平上台以來所提倡的「一帶一路」、「中國夢」、「中華民族偉大復興」等口號，我們不得不多想，甚至感到一些恐懼和不安。那麼，作為一個美國人，您聽到這些口號有什麼反應和感想呢？

傅高義： 我認為，這些就是口號。「一帶一路」、要回到什麼時候、在美國的孔子學院等，就是口號。那些在美國孔子學院工

作的職員教人漢語和一些當代中國的知識，但他們基本不知道孔子的基本思想是什麼，儒學是什麼。「一帶一路」和絲綢之路，圍繞兩者的情況不同，時代也不同。中國領導人如今在對外宣傳上，也不想用馬列主義，因為作用不大。就像美國用「自由」等概念來宣傳，中國如今也希望通過一些概念來表現自己，馬列主義不想用也不敢用，於是就用傳統的概念，例如儒學。

我認為這些口號並沒有什麼詳細或實質的意義。例如「一帶一路」，中國領導人也沒有詳細和系統地考慮它是什麼，但無論如何，我覺得通過這事令中國和外國能夠發展關係，比如北京與歐洲的關係，那就是好的。「一帶一路」這個名字不錯，我也想不到更好的了。至於亞投行，美國方面的反應則不太好。亞投行實際上跟世界銀行差不多，也是按照類似世界銀行的法律和規則來運作。我有一個女學生是亞投行的顧問，亞投行的法律制度建設是依靠她的，她本來在世界銀行工作，負責中國法律方面的事務，所以她也認識亞投行總裁金立群。她現在 50 歲左右，本科畢業於哈佛，也在法學院讀過法律，在世界銀行工作二十多年，功勞是有的。我跟她談論過，她說亞投行的確是打算按照世界銀行的法律和規則來經營的。所以，美國政府也沒有必要從亞投行看中國的野心，而應該從合作的態度與它打交道。現在日本好像在想辦法與亞投行建立一些關係吧？

加藤： 當年中國宣佈設立亞投行之後，以英國表明加入作為契機，其他歐洲國家，以及韓國、印度、澳洲等亞太經濟體也紛紛加入，但美國沒有加入，日本可能考慮到美國的立場和臉色，也沒有加入。不過，這個問題從一開始就有爭議，比如田中均那樣著名的前外交官一貫主張日本應該加入亞投行，與其在亞投行外部批評和警惕中國，不如加入其中對中國起到監督和制衡的作用，而不是排斥它，包括我在內的很多日本人也認同這種想法。至於「一帶一路」，

我們至今也不清楚是什麼，不知道中國要靠它做什麼，更不明白具體的操作和推進，缺乏透明度，所以日本大概表示支持，也可以一起合作，至於具體的問題和分析在專案上該怎麼做，則容後再議。日本的立場大概如此。

傅高義： 我覺得這樣的反應還可以。尤其是對企業而言，日本企業應該也希望參與一些具體的項目，中國方面也應該歡迎日本企業參加。

加藤： 所以，包括美國和日本在內的發達國家，都不需要過多的害怕和警惕中國的「一帶一路」、亞投行等，而應該積極地展開合作，這是您的看法嗎？

傅高義： 對的，當然中國也想通過這些機會來提高自己的地位和影響力，我們要清楚這一點，同時，在具體做事和合作的過程中，也可以互相討論，討價還價。

中國政治體制的未來

加藤： 您對中國政治體制的發展和方向性的事情有何看法？這個問題在歐美、日本、中國一直存有爭議，還沒有達成共識。有人說中國保持專制，總有一天會受不了，因為獨裁是一個很累的體制，最終會像台灣那樣變成民主體制；也有人說中國是不一樣的，中國沒有法治的傳統，永遠是皇帝和奴才之間的政治，歷史還是會重演，中國目前的體制會持續到最後，直到改朝換代；也有人說中國可能採取新加坡那樣的模式。您怎麼看？您最基本的判斷是什麼？

傅高義： 中國未來怎麼發展，是沒有人知道的。我的基本判斷是過幾年可能會放鬆一點。雖然中國不會出現那種讓美國人滿意的自由，但幾年之內還是會放鬆一些吧。中國 1949 年以後，也經歷過放鬆和收緊的過程，今天是過於收緊和緊張了，接下來會放鬆一些，這也是歷史的規律。中國大陸也可能嘗試像新加坡、台灣那樣的模式，吸收一些經驗，同

樣是華人，為什麼不可能呢？他們之間也有一些共同的文
化。當然，中國地域更大，面對的問題更多，但還是有可
能的。我早前剛去了台灣、北京、東北，我還是覺得台灣
不錯，現在香港被壓抑得太緊張了，我覺得中央處理是可
以更好的。我不知道習近平能否依靠自己的意志和決定，
令整個局面變得放鬆一些，現在不像以前那麼樂觀了，但
還是有可能的。

加藤：　大約 2013 年的時候，我對習近平政權的基本判斷是，先鞏
固權力，然後推動改革。雖然習近平是個「紅二代」，有
特殊的背景，但他畢竟不是鄧小平選拔的人，所以需要一
定的時間和沉澱來鞏固權力基礎，才能實際做事。所以他
先通過反腐敗鬥爭鞏固權力，到了一定程度後，便全面推
動改革，本來收緊的政治環境、社會壓制等，也會寬鬆一
些。這是我當時的基本判斷。

傅高義：我當時的判斷也和你一樣。

加藤：　現在看來，並不是這麼一回事。到現在為止，習近平仍然
執着於鞏固權力，絲毫看不到放鬆權力的徵兆，他還通
過修改憲法廢除了國家主席的任期，從理論和制度上來
說，他是可以終身制的，這與鄧小平所設定的 10 年任期
制度截然不同。有一些紅二代的長輩也曾告訴我，習近平
也認同先鞏固權力後推動改革，但他覺得五年不夠，需要
十年，甚至更長的時間來完成，所以才修改憲法，廢除任
期。不過，這完全違背現代的政治制度，連俄國的普京都
有任期，而安倍晉三雖然延長了自民黨總裁任期，變成可
以三任，但還是有任期的，現代政治制度跟任期是分不開
的，我認為沒有任期的體制，不能稱為現代政治制度。不
過，習近平確實這麼做了，打破了鄧小平通過修改憲法所
建立的任期政治，即現代政治制度，可能確實有實際需要
吧，但我還是認為不能這樣對待政治。因為一旦習近平離
任，他的接班人該怎麼辦？無疑特別難以交接，胡春華、

丁薛祥、陳敏爾……我們聽過的一些名字，可能成為接班人的名字，但這些人的威望都不如習近平，習近平任職的時間越長，他們越難以接班，我認為習近平離任的那一刻，恐怕是中國政治最危險的時候，權力將陷入真空，導致整個政治局面變得混亂，甚至崩潰。打破現代政治制度就是會有這樣的風險。因此，即使有實際需要，但為了保證相對長期、平穩的政治發展，還是不能廢除任期。這是我個人此刻的觀點和判斷，不知道傅老師怎麼看待這些問題。

傅高義：我同意你的觀點，長遠來看確實是有一定的風險。不過，如果習近平是一個明白事理、能幹的人，他就會在第二個任期內放鬆一些。當然我不知道習近平是怎麼想的，畢竟薄熙來的案子也好，許多軍隊的案子也罷，太多人怕被抓捕，在這樣情況下，習近平敢不敢放鬆局面，能否依靠比較能幹的人來放寬環境，我也不知道。但無論如何，我跟你有同樣的擔憂。如果習近平在未來幾年內不放鬆的話，中國將來會有面臨崩潰的可能性。

還有一個問題，日本在 1980 年代後期太自負了，不是年輕一代，而是老一輩太自負了。後來泡沫經濟崩潰，日本便謙虛了很多。今天的中國就像當年的日本，有權力跟美國、歐洲、日本，以及東南亞等各地政府組織事情，不夠謙虛。中央電視台就是一個例子，他們在華盛頓有一個分部，他們原本是從完全宣傳的角度工作，但後來改變了一些內容和做法，變得放鬆一些，並有所改善，如果他們只是一貫地主張共產黨好，美國人是不願意聽，也不會看的，那種做法無法說服我們。雖然中國經濟超過了日本，將來也可能超越美國，但世界各地都有自己的想法、能力和做法，中國的對外工作也要適應他們的做法，尊重他們的想法。為此，政府也要改變做法，而且每年中國在美國的留學生有三十多萬，一半以上的人應該是要回國的，有的還任職於政府部門，我希望這些了解海外的中國人回到

中國後，能夠改變一些做法，讓中國的對外工作，包括宣傳方面的工作，都能適應和尊重外國的想法和做法。總之，與外國建立良好的關係，也是中國面臨的大問題。

加藤： 我早前有機會和一些在北京公安部做對外交流工作的人員吃飯，其中有一個人主張天天學習「習近平思想」，他說怎麼解決與日本之間的領土問題，答案都在習近平的思想裏，然後他對我說：「加藤，您也要學習習近平思想。」我似乎從他的語氣中，能感覺到他的傲慢，他似乎真的信仰習近平的思想，一個中國人主動「學習」並沒有問題，每一個人都有信仰的自由。最近中國的大學教授、政府官員、官媒工作人員也或主動，或被要求天天「學習」，這也正常，畢竟他們作為中國人相信黨嘛，但如果他們要求像我這樣的外國人「學習」，我就覺得有些過分了。這或許就是您所說的太驕傲了。

最近中國不斷提倡「一帶一路」、人類命運共同體等各種口號，按照中國官方的說法和做法，他們主張凡是中國說的和做的，都是正確的、正義的、真理的，中國共產黨是永遠正確偉大的，我覺得這種態度和說法過於驕傲，我相信國際社會也不會接受。您覺得中國怎樣才能放下自負，不管是中國自身還是國際社會，有沒有一些辦法讓中國繼續謙遜？當年的日本就是因為崩潰變得老實和謙虛一些。中國需要經過什麼樣的過程呢？

傅高義： 這的確是一個問題。首先，我覺得不管是在非洲工作，還是在美國工作的中國政府官員，或者是在華盛頓的中央電視台的人員，他們在平時的工作過程中，應該會發現自己的工作做法要改變，要更加尊重當地的習慣和文化。其次，中國經濟在未來的時間內一定會降速，它也會遭遇一些問題，這個時候，中國人的態度會不會發生變化，也是值得關注的。中國的工業、高科技都能發展，也會做得不錯，但看看中國的大學，能不能吸引全世界的人到中國留

學呢？比如日本的年輕人以及其他國家的人，還是希望到
美國的大學留學，他們會先選擇歐美，而不會選擇到中國
留學。所以，中國人不應該過份自負。

再者，在中國的外國企業對於中國為什麼不按照法律來保
護他們的知識產權有所疑慮，這些企業批評中國政府，然
後離開中國，轉移到東南亞地區。外國企業當然是要考慮
這些問題的。不過，我還是覺得中國人，特別是那些比較
能幹，而且在中央工作的人太驕傲了。幾年後，他們可能
會高舉世界銀行公佈的資料，主張中國經濟超越了美國，
他們會非常自高自大。

兩岸關係的未來

加藤： 我非常感興趣的問題是，對於中國而言，到底什麼時候是
推動政治改革最好的時機呢？我們知道蔣經國和鄧小平是
認識的，他們一起留過學。蔣經國在推動台灣政治改革和
民主化方面，功不可沒，後來從李登輝到陳水扁、馬英
九、蔡英文，依次是國民黨、民進黨、國民黨、民進黨。
台灣後來在民主政治的制度下，實現的政黨政治可以說比
較經典，甚至相當漂亮。對此，我認為蔣經國的貢獻是最
大的。

當年鄧小平也在中國大陸嘗試進行一些改革，雖然沒有實
質性的行動和推動，但或多或少考慮過政治改革的問題，
一邊看着老朋友蔣經國在台灣推動的改革，一邊面臨大陸
的改革問題。何況，鄧小平當年想出「一國兩制」就是針
對台灣問題。他肯定從未來統一事業的角度觀察過台灣的
民主化進程。後來，台灣民主化了，大陸繼續走社會主義
的道路，對於兩者之間該如何建立一種共存的關係，鄧小
平肯定思考過。我很好奇當年鄧小平是如何看待蔣經國所
推動的台灣民主化，以及認為大陸該從中汲取什麼經驗。
您有什麼看法嗎？

傅高義： 鄧小平和蔣經國曾一起在莫斯科學習。不過，有一點我不
太同意你的看法。蔣經國確實是希望自己去世前，能在台
灣實現民主化，但他本來是不想讓台灣「台灣化」的，他
本來的打算就是利用李登輝，但不想讓李登輝做他的接班
人。因為，讓李登輝成為接班人，很可能導致「台灣化」。
他們畢竟是國民黨，是從大陸那邊過來的。他既不想讓李
登輝接班，也不想讓台灣台灣化，但他認為應該走民主主
義的道路，這是蔣經國的想法。如你所說，台灣的民主主
義制度確實是比較成熟，其政黨政治也比較成熟。

加藤： 談到台灣，我們順便討論一下兩岸關係。我和中國人民解
放軍的劉明福大校，一起寫過一本名為《日本夢》的書，
當中也討論了中國夢與台灣問題之間的關係。我最近也跟
一些解放軍人員討論過台灣問題，我能感覺到他們對兩岸
關係的觀察和態度上的一些變化。以前，假如台灣要宣佈
獨立，大陸就要打仗，這個方針是很清楚的。但最近由於
中美之間的貿易戰不斷發酵，美國和台灣之間的關係通過
《台灣旅行法》、《國防授權法》等不斷升級，台灣又是由蔡
英文的民進黨執政，假如蔡英文繼續不承認「九二共識」，
美台之間的議員互訪不斷增加，美國對台灣的各種支持不
斷深化，台灣內部圍繞獨立的運動、氛圍等不斷醞釀，到
時不需要等到台灣宣佈獨立，大陸也會有所行動，我認為
這種氛圍正在大陸醞釀。尤其是大陸軍方，畢竟軍隊裏的
反腐敗是最苛刻的行動之一，假如在此情況下，解放軍要
對付台灣，我不知道習近平能否從整個國家戰略和對外關
係的角度，阻止解放軍的「暴走」，我認為大眾輿論也會
支持解放軍。

傅高義： 但如果解放軍要打仗，那是要跟美國打的，他們會敢嗎？

加藤： 大陸會講究一些策略吧。2018 年上半年，有一個革命後代
跟我講過，不是那樣明顯地攻打台灣，而是先在台灣內部
準備一些造反派，讓他們在島內鬧事，讓整個台灣社會陷

入混亂、失控、無序的局面，大陸就是以收拾亂局的名義出兵，主張正義和責任，順便收回台灣，最終實現中國統一事業。我不知道當局是不是真的有這種想法，反正是一種做法和思路吧。

當然，無論如何美國肯定不會袖手旁觀，所以大陸方面也不會輕易動武，或對台灣怎麼樣。最近，大陸方面也不斷通過外交和經濟手段把台灣孤立化，到 2018 年 8 月底為止，只剩下 17 個國家與台灣建交，大陸最近想方設法給台灣施加壓力，用所有手段孤立台灣。我相信，如何處理台灣問題和香港問題，也是當年鄧小平面臨的重要課題。

最近，台灣看着香港如今面臨被中央壓制的局面，應該覺得香港的今天就是台灣的明天，因此更不敢靠近大陸了。從目前的形勢看來，台灣繼續走民主的道路，大陸則進一步走向專制、獨裁的道路，兩者之間愈來愈格格不入，這也是現狀和趨勢。您是如何看待這個現狀，如何預測兩岸關係未來的局面呢？

傅高義： 你説得對，鄧小平估計將來中國大陸的制度和香港的制度可以更加接近，比較和平地解決。至於台灣，目前特朗普政權的做法不當，有一些人甚至希望和主張台灣是一個國家，國務院的人則認為這種説法和做法，不管對美國還是對中國來説都太危險了。目前在華盛頓支持特朗普的人太亂，太不成熟了，他們都不懂事，國防部長馬蒂斯是成熟的大人，但其他很多在華盛頓工作的人不懂事，甚至是有病的。

我認為中國的做法還是會類似「孫子兵法」，就是不要打，而是通過組合各種壓力的辦法，迫使台灣投降，大陸希望台灣主動投降。不過，到底用什麼辦法令台灣投降，當然是先用外交孤立化的辦法，然後施加經濟壓力。至於軍事手段，我不太了解中國的軍事思想，但領導人還是不願意吧，儘量不使用軍事手段，因為如果要攻打台灣，美國必

然會參加，衍生的問題太多了。我認為習近平特別希望在自己任期內實現祖國的統一事業，他非常希望證明「台灣是我們的」，但同時他也害怕與美國的衝突。

美國告別台灣

加藤： 美國至今仍然是一個超級大國，但美國也正在經歷特朗普的時代，美國在國際社會上的影響力和公信力也受到一些懷疑。日本等盟國也覺得美國不再是以前的美國了，退出 TPP，向盟國加徵關稅，讓盟國承擔更多國防費用……我們也覺得美國的綜合國力跟中國、印度等金磚五國相比，還是會慢慢地、相對地下降，這是不可避免的趨勢吧。

芝加哥大學的約翰‧米爾斯海默教授（John Mearsheimer）在《對台灣說再見》中，主張美國今後可能愈來愈不值得為了台灣與中國大陸打仗。也就是說，不管是安全還是價值觀，台灣對美國而言，已經不具備那麼大的價值了。日本人則認為，美國對台灣的戰略很重要，因為涉及到美國在亞太地區如何推行安全政策，處理價值觀的問題，表明的是美國的態度。我們是從這個角度看待美國的對台政策。而且，一旦在台灣海峽發生中美之間的衝突，日本也必然被捲進去。對此，我們顯然是沒有做好準備的。在您看來，美國對台灣的整體戰略應該是怎樣的，是維持現狀還是做一些調整？

傅高義： 太可惜了。現在的美國領導人不一定按道理做事，所以我覺得你提到的美國告別台灣，是有可能發生的。我曾經認為和主張不可能，但現在不好說了。就台灣問題而言，美國已經不可靠了，我們的政府實在太亂了。當然，我希望我們繼續支援台灣，用和平的方法來解決問題，要不然我也會反對。但現在特朗普政權實在太混亂，也有一些像馬蒂斯那樣成熟的人，但將來怎麼做，現在還不好說。由於最近中國大陸方面推行一些高壓式的政策，台灣人也愈來

愈不想跟大陸統一，不想和中國大陸走在一起，這個趨勢
也日益明顯。這是由於大陸方面的政策太強硬所造成的。
蔡英文方面，我的判斷是她一開始就採取謹慎的政策和態
度，即使美國方面製造混亂，她也避免用一些極端的方式
來處理。我認為從日本的角度來看，現狀和走向都會比較
麻煩，甚至危險。

加藤：　　就如您所說的，特朗普領導下的美國也處於比較混亂的狀
態。台灣方面也很擔心這樣的現狀。我記得特朗普當選總
統後與蔡英文通話，當時我和幾位台灣的官員交流，他們
都覺得這是打亂的做法。假如美方突然放棄「一個中國」
的政策，可能有一些人覺得台灣會高興，但實際並非如
此，因為這樣做以後，便給了大陸一個藉口，這就不是您
所建議的用和平的方式解決問題了。我們日本人整體而言
是希望維持現狀，保持一個和平的局面。因為，中國大陸
的體制和價值觀還沒有成熟到一定的地步，至少還不是台
灣人所能接受的地步。在這種情況下能在一起嗎，即使在
一起了，能一起走下去嗎？

傅高義：　不可能，會非常亂的，所以現在時機還早。我估計鄧小平
當年的看法是，等到大陸和台灣的制度愈來愈接近，然後
慢慢推進到一起。但現在，情況已經發生了變化，當年鄧
小平的想法也變得不現實了。不過，我還是覺得蔡英文不
會走得太遠，會盡可能謹慎地處理與大陸方面、美國方面
的關係。當然，蔡英文和馬英九的做法有所不同，馬英九
更偏向大陸。這次我在台灣也見到了馬英九，他最近可能
因為一些法律問題被控告，他也怕被告，很可惜。不過，
我估計馬英九不會有太大的問題。

加藤：　　如果中國大陸能夠逐步變得自由和開放，先不說自由民主
主義，在保持現有體制的基礎上，提供更多的自由和開
放，然後逐步與香港、台灣融合，更加相互理解和信任，
用和平的方法解決一切問題，這對日本來說是最好的。

傅高義： 不要說對日本，對全世界來說也是最好的。

加藤： 不過現在看來，中央對香港的打壓，以及中國輿論對台灣的態度，比如一些知識份子、老百姓等，動不動就情緒化地說「我們要儘快收拾台灣」之類的話，都充滿民粹主義。我認為如今的局面，並不是鄧小平當年所希望看到的吧，而且中國大陸的體制從今天的局面看來，也有所倒退，多了管制，少了自由，所以前景不樂觀。

傅高義： 我同意你的看法，大陸的問題太大，台灣人的生活的確很好，日本社會是最安定的，在那裏生活很舒服。台灣社會類似日本，在那裏生活也很安定，比香港要好。中國大陸雖然生活水準提高了，但還不算是一個安定的社會。

中國最大的問題是腐敗嗎？

加藤： 您曾在 2012 至 2013 年時，提到中國面對貪腐的問題。這個情況到現在有變化嗎？

傅高義： 就現在而言，貪腐不一定是最大的問題，但仍舊是一個很大的問題。現今中國最大的問題有幾個，例如經濟問題。中國大陸周邊的幾個經濟體，包括日本、台灣、韓國等，都經歷過從高速增長到低速增長的過程，經濟問題是必然要面對的，中國大陸也一定會面臨這個問題。到時候如何面對和處理，恐怕仍有變數。因為，中國今天的發展模式是持續不下去的，雖然我沒有對此進行系統性的研究，但那麼多的路、橋，甚至發電站，恐怕超過了實際需要。以前需要鋼鐵，但現在太多了。田中角榮曾經也主張要修建很多的路，但後來發現太多了，無法繼續用那種模式維持經濟的發展。

加藤： 田中角榮當年高舉「日本列島改造計劃」，依靠政府主導的財政撥款，進行基礎設施投資和建設，但後來因那種模式維持不下去而不得不轉型，於是開始更多地依靠民間企

業及投資，包括索尼、佳能、豐田等製造業。今天中國推行的仍是社會主義市場經濟，雖然有騰訊、百度、阿里巴巴等民間企業，但似乎僅限於互聯網、科技領域，而通信、金融、石油、鐵路這些領域仍是由國有主導，甚至壟斷的。對此，很多外國政府、企業、知識份子均認為中國不可能依靠這樣的模式長期發展經濟，一旦經濟維持不下去，中國共產黨的合法性就會面臨較大的問題。您認為中國今後可以依靠什麼發展下去呢？

傅高義：　高科技當然是一個發展方向，但中國人口這麼多，單靠高科技是不行的。現今中國從事農業的人口佔一半左右，當新的機器不斷發展，那麼多人可以到哪裏工作呢，我不知道中國有關部門有沒有考慮這個問題，並且有沒有辦法解決這個情況。其實，歐美、日本也沒有解決這個問題，中國市場這麼大，人口這麼多，肯定有很多國家對這個龐大的市場感興趣，希望擠身其中。但就中國而言，高科技不斷發展，新的機械人可以代替人類處理很多事情，甚至是大部分的工作，那人還有什麼作用呢？我觀察中國問題，思考中國未來的發展，尤其對這個問題感興趣：餘下的那麼多人，讓他們做什麼工作，靠什麼謀生？

加藤：　　中國輸出移民？

傅高義：　哈哈，對，這倒是一個辦法。我剛從歐洲旅遊回來，我發現在那些國家社會，對現狀不滿是普遍的問題。英國脫歐、特朗普上台，都是建立在人們對現狀不滿的普遍問題之上。中國將來也會面臨這些問題。中國經濟目前仍然發展得比較快，經濟在增長，今年大家覺得明年更好，明年大家覺得後年更好，但 5 年後、10 年後，經濟增長放緩之後，人們對現狀的不滿會以怎樣的形式爆發出來，中國如何長期地發展經濟，並且能讓老百姓滿意？這個問題從長遠的角度而言，較腐敗的問題更大，我認為這個問題會非常嚴重。

加藤： 據我觀察，民眾對習近平反腐敗的政策是比較滿意的，畢竟在有限的標準下根除了很多腐敗分子。不過，反腐敗鬥爭推行到今天，我認為出現了兩個問題。第一，現在腐敗情況少了，官員腐敗不那麼容易了，請客、用專車等情況也收斂了很多，黨政府比原來更清廉，但老百姓從中獲得了什麼？本質來說，這些現象跟老百姓的生活沒有什麼關係，除非政府明確表態對於反腐敗節省下來或奪回來的錢財，具體用在哪些跟老百姓生活相關的方面，金額多少、什麼領域，有透明度和公信力的進行表態，否則，還是和老百姓沒有什麼關係，即使有，老百姓也不清楚。

傅高義： 我想還是有一些影響的。例如老百姓也覺得自己的生活變好了，知道社會上的錢不是在某些領導人的口袋裏。看到這樣的情況，老百姓會覺得他們也從中有所受益。

其實，從我們美國人的角度來看，中國有很多做法仍然不合法、不自由。這方面不太好，還是應該講究事情的合法性。但從其他角度而言，例如交通比以前的情況好多了。我還記得 30 多年前的廣州，人們都在馬路走來走去，很混亂。現在有秩序了，人們更聽話，也怕員警，在十字路口，如果紅燈亮了，人們也會停下來。所以，一般人覺得有秩序的社會是好的。與那些混亂的情況相比，哪怕政府控制得很嚴格，老百姓也要控制自己，但有組織的生活環境還是更好一些。雖然很多美國人不認同這種情況，但中國和中國人畢竟經歷過「文化大革命」，那種情況太亂了，所以還是有組織好。當然，組織也有壞處，很多事情不能做，但許多中國人覺得即使少一些自由，社會還是被組織好。

加藤： 明白。在我看來反腐敗鬥爭所帶來的第二個問題是，為了長遠發展，黨中央需要推動改革，習近平也主張供給側結構性改革，這個目標和概念本身是好的，但是推動改革，需要依靠全國各地各級的官員合作，不可能單靠習近平喊

口號來推動。但這些年來，正因反腐敗鬥爭的行動，官員們始終處於恐懼當中，怕做事後被抓捕，不做事也被抓捕。中國要推動改革，但反腐敗把恐懼滲透至無處不在，官員集體陷入無所事事和無所作為的困境。在這種情況下，怎麼推動改革呢？有些官員深思熟慮後，認為保護自己最好的辦法還是不作為。中國領導人也看到這些問題和現象的嚴重性和普遍性，並及時地呼籲官員要積極地大有作為，推進政策。因為不作為對改革來說，是相當負面和消極的局面，我看黨中央迄今為止，也沒有找到很好的辦法，讓全國各地的官員從反腐敗的恐懼中解放出來，政府需要重新轉向積極做事推動改革軌道的辦法。您怎麼看待這個問題？

傅高義： 我完全同意你的觀察和看法。我聽人說，現在的地方幹部最好的做法就是不作為，他們也怕做事情。鄧小平時代的官員和人們都很積極地做事，也受到鼓勵。但如今習近平的時代正好相反，官員和人們都很消極地做事，怕做事。不過，中國這麼大，又有那麼多的聰明人，有些地方可能會想出一些辦法吧。他們對中央瞭如指掌，所以可能還是有一些辦法做事。

加藤： 習近平剛上台的時候，您確實講過「腐敗問題是中國最大的問題」。經過這些年激烈的反腐敗鬥爭，腐敗問題也的確改善了不少。您說如今中國腐敗問題仍然嚴重，但不是最大的問題，如何可持續地發展經濟是目前較重大的問題。此外，還有哪些在您看來非常嚴重的問題呢？

傅高義： 我認為還有一個非常大的問題是，中央能否給社會和人們多一些自由、多一點民主，但這樣可能會為社會帶來混亂，那麼該如何處理這兩者之間的關係。如果按照美國人的要求和說法而提供更多的自由和人權，中國社會恐怕會混亂。但是，比如說和我打交道的中國知識份子覺得現在管制得太緊了，根本說不了也寫不了，先不論學者的研究

和寫作，在學校內，連學生寫作業，寫報告都有困難，充滿警惕，這種做法和氛圍實在太壓抑了。當然，知識份子在國內看不了說不了，可以到海外看一看、說一說，但今天在中國國內，對於這種沒有自由和人權的狀況，愈來愈多的人感到不滿。我看今天這樣的局面恐怕持續不了十年，中央要提供更多自由，但給得太多、太快，就會變成戈巴契夫，所以如何處理放寬自由而不成亂的關係，我認為是中國面對的大問題。

中產階級不會移民

加藤：　《日本新中產階級》對我們觀察和思考中國的新中產階級也很有幫助。日本的中產階級對現狀沒有什麼根本性的不滿，環境、食品、治安等生活環境基本令人滿意。當然，我們也希望工資高一些，政府做得好一些，但這些不算是根本性的訴求，我們的生活安定，日本基本實現了安居樂業。所以，不少中國人曾經問我「日本人為什麼不移民」，我們的回應和立場是很清楚的：沒有必要。我們覺得日本已經很好了，尤其是到海外旅遊回國以後，很多人覺得日本很好，甚至是最好，適合一家人安定地過日子。當然我們也欣賞美國、歐洲、東南亞，以及中國，各國都有自身的優勢和魅力，但很少日本人會想移民，主動離開日本。

相比之下，如今的中國，從中產階級到富裕階級都有很多人想移民，只要有能力和條件，很多人會選擇移民。今天，中國的中產階級面臨着環境、食品、孩子的教育、照顧父母，以及財產安全等問題，他們在恐懼和不安中渡過忙碌的日子。在這樣情況下，很多人覺得移民至少會少一些恐懼，多一些安寧，否則不可能有這麼多人想移民，而且他們移民的狀態似乎不是主動積極的，而是從「逃」的角度出發的。假如中國愈來愈多的中產階級有這樣的想法，無疑會為中國未來的發展造成一些變數，甚至風險。您對這個問題有什麼看法？

傅高義： 我們認識的中國人都是比較接近外國人的一群。所以，他們能不能代表全部的中產階級並不好說。個人認為中國的中產階級中，很多人並不想到外國去，可能更想留在中國國內。我們平時交流的中國人跟外國有接觸，所以會想到外國去。但很多的中產階級會覺得，根還是在中國，家人和朋友也是，所以不想離開中國。

《日本名列第一》出版後，特別是日本的泡沫經濟崩潰後，很多人，包括日本記者曾對我說「您錯了，日本不行了」。對此，我的回答是日本的經濟雖然不怎麼發展了，但日本很多方面仍是不錯的，比如醫療體系是從上到下全面覆蓋的。日本社會也是長期安定的狀態，貧富懸殊也比較小。如果美國企業的高層和低層之間的收入有 100 倍差距，日本應該不會出現這種情況吧？

加藤： 不會，很多企業，包括大企業，連 10 倍都不會有。

傅高義： 日本領導人更常考慮和講究平等，而企業的領導層也會考慮和照顧工人的工作環境、薪水標準等。這也是日本社會實現長期安定和貧富懸殊較小的原因。相比之下，中國的個人主義更為突出，人們不太考慮全面性和平等性，就像美國的一些企業家一樣，鼓勵員工好好賺錢，但不太考慮底層工人的事情。所以，就社會的安定性而言，我還是覺得日本做得很好。

加藤： 您寫《日本名列第一》的時候，認為美國企業有時過於考慮利潤，而忽略了員工之間的和諧關係、企業長期的穩定發展等，因此應該參考日本企業的做法，甚至從中學習。今天，我也從中國企業中看到一些類似的現象。比如創業方面，中國的領導層鼓勵年輕人創業，但我聽一些創業比較成功的年輕企業家說，中國 90% 以上的創業公司都會在三年之內破產，意思是創業快，但破產也快。而相對較大的企業則不怎麼照顧員工，不像日本企業會把員工當成家人一樣，入職後先用公司的經費提供三個月的培訓期，其

後也會按情況為員工提供留學機會等，中國企業很多都是各忙各的，甚至互相鬥爭，缺乏人情味。這也體現在跳槽的情況上，我身邊有很多人進了公司不到一年就跳槽了，流動性過高，這樣的場面，好像從十年前到現在也沒有什麼變化，中國的勞動市場還是浮躁和不安定。為了改善這些情況，中國企業也不妨參考日本企業的一些做法。

傅高義：　就像從中國到日本的遊客，他們覺得日本不錯，社會安定，人也不壞，人與人之間的關係很和諧，他們也會覺得日本社會很多方面做得比中國好。中國企業的人情味確實不夠，我很好奇的是在中國的日本企業會怎麼做，他們是不是像在日本那樣對待公司的員工？你的觀察是怎樣的？

加藤：　　2017 年約有 730 萬人次的中國大陸遊客前往日本，我的觀察是不管顧客是日本人、中國人還是美國人，客人就是客人，無論是日本的公司還是店鋪，都會平等對待所有客人，這點很好，令人欣慰。目前在中國大陸有三萬家以上的日本企業，我覺得他們在中國做生意和對待自己員工的做法，基本與在日本做生意一樣。不過，我們有時候也會聽到一些在工廠裏發生的罷工消息，畢竟外國企業僱用本地員工，還是有一些思維、文化、訴求上的差異吧，這是難免的，但可以慢慢來。我曾聽過日本的老闆平時不在工廠，讓一個中國人當廠長，然後這個廠長和員工之間發生了摩擦和矛盾等情況。雖然發生問題的形式是多樣的，但整體而言，我覺得在華的日本企業當中，日本老闆和中國員工能夠互相尊重，後者也比較欣賞前者的做法。我也從一些中國的地方政府官員那裏了解到，他們對日本企業的表現，整體是比較滿意的，包括納稅，以及與當地社會融合互動的程度等，而且日本企業講究信用，他們也信任日本企業及其做法。

傅高義：　1980 至 1990 年代，我在中國認識了一些日本企業家，他們與員工建立了密切的關係，包括關注員工買房子等情

況，老闆會給員工定立長期的目標，讓目標和工作聯繫起來。這種做法也是日本一般企業的做法。所以，中國的百姓一方面罵日本，說什麼日本鬼子，因為他們看抗日劇；另一方面，他們也覺得日本企業的做法還不錯。我估計在中國，從日本企業跳槽的中國員工比率，相較從中國企業跳槽的員工比率要小，很多人願意長期在日本企業工作。很多中國人的確是為了自己的前途考慮，所以換來換去。有一些中國人不滿意在大企業的工作，覺得不如自己創業，跳槽率也很高。我也看過一些調查，如果問日本大企業的員工，對工作和工作環境滿不滿意，很多人回答不滿意，但這些跟中國人對中國企業的不滿意完全不一樣。你問日本人對自己滿不滿意，很多人回答不滿意，因為你也知道自己和公司有缺點。你問日本人對未來是否樂觀，很多人回答不樂觀，但其程度和角度跟中國人截然不同，從中國人的標準來看，日本人還是相對滿意和樂觀的。

中國知識份子缺什麼？

加藤： 據我觀察，如今由於政治、科技、輿論等各方面的原因，中國公共知識份子的影響力似乎在下滑，他們很難確保自己的言論和行動空間。您講過吳思先生目前在哈佛，書中提及了李慎之先生，我在哈佛期間也曾與楊奎松先生交流過數次。我覺得現今的中國知識份子，特別是年輕的學者，不管是研究能力、行動能力，還是實際影響力，似乎都不及長輩們。您在美中關係全國委員會也栽培中國的年輕知識份子，您對這個問題有什麼看法？

傅高義： 吳思很好，我和李慎之很熟絡，楊奎松也很能幹。我完全同意你的觀察。今天從中國來到哈佛讀博士的年輕人非常能幹，把統計、理論等掌握得很好，也會寫論文，但他們的做法和關注的領域過於狹隘，應該要更加廣泛和綜合一些。我認識的十多個博士畢業生中，沒有一個能在哈佛教

書。現在哈佛有一個教政治學的名叫王裕華，他是密西根大學的博士，後來到賓夕法尼亞大學教書，我看他比較有前途，可能會成為有影響力的學者。我想重申一下，從大陸過來的中國年輕人非常聰明，英文的說話能力也跟美國人差不多，理論掌握得很好，也很會講話。但怎麼說呢，還是較為缺乏綜合能力，還沒有達到我想像中的那種風格和規範。

加藤：　明白，我也有類似的看法。他們畢竟是在哈佛大學得到博士學位的人，應該是很聰明，有成就的。但在我看來，他們總是忙着自己的事情，並執着於個人狹隘的權益，而沒有提出具有公共性的知識和思想，社會上也沒有人知道和關注他們。當然，他們在校園內也有一些地位和威望。既然他們是很有能力的人，我希望他們對中美交流、中美關係，以及推動中國的政治發展、知識進步、社會啟蒙、文化運動等方面有所作為。

傅高義：　我們的觀點和期望是完全一致的。就日本情況而言，國分良成（Ryosei Kokubun）、高原明生、川島真（Shin Kawashima）等，應該屬於有希望和行動的類型。尤其是高原，我覺得他是一個很特殊的人才，語言能力很好，他到華盛頓介紹日本的情況，美國人很尊重他。還有原來擔任駐美大使的加藤良三（Ryozo Kato），我們也佩服他，可能還有一些原來的駐美大使等。而其他人，則感覺太狹隘了。

加藤：　您在中國或哈佛校園內見過、交流過的中國知識份子中，有沒有您很尊重和佩服的，並且認為他是現今中國年輕知識份子應該追隨和參考的人？

傅高義：　王緝思吧。他很聰明能幹，能在美國講話，美國人也尊敬他。他了解中國人能說多少和美國人會聽多少。吳心伯也不錯，我認識他二十多年，他一直在拓展自己的能力，我認為他很有前途。當然，李慎之和楊奎松也不錯，

很能幹聰明。而袁明的外交能力強，擅長處理人與人之間的關係。我還想起另一個日本人，田中明彥（Akihiko Tanaka）。他不是中國問題專家，但他是個有能力說服別人的學者。還有王若水，他本來是一名記者，我非常佩服他，他原本也住在我這裏。本來供職於日本《朝日新聞》的記者松山幸雄（Yukio Matsuyama），他跟我同歲，我們已經是 50 年的朋友，他很聰明，思想也廣泛。在我看來，他比船橋洋一（Yoichi Funabashi。筆者註：日本著名媒體人，《朝日新聞》前主筆）還要好。我覺得船橋雖然聰明，但主要是小聰明，甚至有些滑頭。您也同意嗎？

加藤：我明白，但畢竟是祖國的長輩，我就不評論了。

發揮年輕學者的作用

加藤：　自 1973 年以來，您一共去了多少次中國呢？

傅高義：1980 年以後，我每年都會前往中國，有時候一年會去兩次，所以大概是 50 次左右。

加藤：　日本呢？

傅高義：前往日本的次數更多，自 1958 年以來每年至少去一次，所以差不多有 70 次。特別是在夏天，處理跟哈佛大學有關的事情，所以每年都會去日本。中國方面，1980 年我在廣州逗留了兩個月，後來也在北京的當代所生活了幾個月。對我而言，當代中國研究所就是我在北京的住所。20 年前，我參加了當代所的會議，並認識了一些人，但不算太熟悉。當代所的所長是朱佳木，後來我們成為關係比較好的朋友，他本來是陳雲的秘書，所以陳雲的女兒也是他給我介紹的。我每次去北京，一定和他見面。很多人認為朱佳木太保守，當代所的名譽也跟着變得保守，但他算是一個直率的人。

我在當代所還有另一個好朋友叫程中原，他曾擔任副所長。他的兒子在麻省，所以我們也經常見面。他本來住在南京，後來到了當代所，他是真正的、純粹的學者，給了我很大的幫助。

當然，我還有北大的朋友，比如袁明，她把外交關係處理得不錯，所以以她來美國時，我們也會見面。我特別佩服王輯思，他的學問能力很強。袁明是非常好的人，也幫助我學習和研究。

加藤：　在中國比較年輕的學者中，不管是研究美國還是國際關係的，有沒有令您印象深刻的人？

傅高義：我認識的不多也不夠，吳心伯算是其中一位。我在 1995 年結束華盛頓的工作後，領導了一個名為 American Assembly 的組織，並帶團訪問中國。我們去了北大、復旦等高校召開座談會，當時令我印象深刻的人就是吳心伯，還有汪道涵班子的一些學者，以及楊潔篪的弟弟楊潔勉，他非常聰明，也小心謹慎，他知道如何在一定範圍內工作。很可惜，我當時對北大的年輕學者認識得不夠深入。我記得1970 年代，他們對日本的認識非常不足，但後來有一些人去了松下政經塾訪問學習，回國後十分了解日本，我也感覺到他們的整體水平提高了。所以，對中國學術界的日本研究而言，松下政經塾的影響很大。你認識的應該比我多。

加藤：　我前一段時間（2018 年 5 月底）去了上海復旦大學，見到了在北京大學國際關係學院修讀本科期間認識的兩個同班同學。一個在美國拿到博士學位，一個在日本拿到博士學位，他們回國後，便到復旦大學國際關係與公共事務學院任教，擔任講師。我覺得他們的語言水平、溝通能力、分析能力等應該很好，其實他們在上學時期已經表現得很出色。但有一個問題是，當前中國國內的政治環境這麼緊張，必然也影響了學術環境，包括研究和表達的自由，我

很擔心那些優秀的，從海外學習回來的年輕學子，能否發揮應有的作用，他們可能無法發揮所長，甚至被浪費。

傅高義：　我們的擔憂是完全相同的。當時在美國留學，並決定留下來的人，例如目前在哈佛擔任副教授的王裕華，他是不回去的，可能也有一些留學生會回國。我認為他們當中有很優秀的人，但不知道他們是否能夠分析大局問題的人。你覺得最近在海外留學的中國年輕學子有那種分析能力嗎？

加藤：　　有能力。但能力本身不是特別大的問題，問題在於體制和大環境的情況。不管是北大、清華、復旦，還是人大，在這些著名的大學裏，學者要研究一個課題或寫出一篇論文，都需要通過看得見或看不見的各種審查，包括自我審查。那麼，我們最終看到的作品是不是他們真實的能力表現呢？是否能和國際接軌，體現出思想開放和獨立的表達呢？對此，我非常懷疑。在中國，這種脫鉤的現象愈來愈多，導致各個領域的透明度下降，公信力存疑。我真心希望中國的大環境能夠允許有能力的年輕人，發揮其應有的作用，這樣才能長遠和根本地推進中國健康發展。

傅高義：　對，應該給他們機會。

加藤：　　是的，能否善用他們是關鍵。如果中國的體制和環境無法給他們應有的機會，甚至阻止他們發揮所長和力量，這種情況的持續會對中國未來的發展帶來較大的問題。再看看中國和美國之間的學界交流，我記得您之前接受日本《朝日新聞》採訪時表示，最近由於中國的政治環境太緊張，學術交流受到阻礙，中國的學者也不敢與美國的學者交流。在此情況下，美國學者也感到不耐煩，那些本來很支持中美友好和合作的美國學者，也愈來愈不願意積極發表了。我覺得這一點也是未來中美關係的一個變數吧。您覺得呢？

傅高義：　是啊。中國學者與我們的交流愈來愈謹慎和消極，畢竟國內政治環境太緊張了。下星期，我提到的盧邁會回來這

邊與我交流，他也是在體制內工作的，但他的思想非常
開放，也很努力和積極地跟我們交流。但他的努力能否成
功，還是很難說。

外宣與高幹子女

加藤： 傅老師您有沒有想過，在哈佛與您交流的那些人，在您面
前表現得思想開放，支持中國改革和中美合作，但一旦回
到中國國內，尤其是在如今的大環境和氛圍下，他們必須
變得保守，主張「中國好，美國壞」。我當時在哈佛接觸
過不少中國學生，他們都認為自由好、民主好，英文也很
好，但一旦回到中國，就開始阿諛奉承，主張中國發展得
很快，美國已經很落後了，連高鐵都沒有，有的更提出陰
謀論，指中國應該警惕美國和平演變的戰略意圖。我認為
這些從哈佛回國的人，並沒有起到您剛才指出和期望的作
用，反而產生一些副作用。

傅高義： 他們的行為是這樣，但骨子裏是怎麼想的呢？我相信一旦
形勢改變，他們的行動也會改變。例如原本在「文化大革
命」期間，整天喊口號的那些人，到了 80 年代也可以跟
鄧小平好好工作。又例如我上次在北京見到任仲夷的孫子
任意，他在甘迺迪學院學習過一年，也做了我個人的研究
助理一年。他說現在的領導人非常自信，一些像他那樣的
「海歸」回國後，也支持現在的領導人。但在我看來，這
種情況幾年後會不會繼續下去，還無法確定。中國也會遇
到很多問題，與美國、日本、印度、歐洲、澳洲等關係能
否處理好，也說不清楚。

我下星期要在華盛頓與二三十位學者一起開會，專門討論
美國如何應對和處理中國在美國大學政治宣傳的問題。
例如孔子學院那樣的機構存在於美國的大學裏是不是危
險的，我們該如何面對和處理這些問題？澳洲和新加坡已
經開始反抗了。接下來，美國也要認真思考和對待這個問

傅高義與前國務院總理朱鎔基的合照。

題，這次華盛頓會議就是要討論相關的問題。包括日本、歐洲等，全世界都在面臨中國的政治宣傳問題，因此要認真思考如何應對。我覺得中國人想做的事情，恐怕不能那麼順利地實現，畢竟他們針對的目標也會警惕和擔心。

加藤：　很遺憾，我覺得今天中國所謂的宣傳，即政治宣傳或對外宣傳，都是愈宣傳愈引起外界的質疑。美國的大學、媒體、國會、政府等都愈來愈警惕。我知道中國當局也注意到這些反應，也重視如何做好相關的工作。但我認為到目前為止，還沒有找到一些具公信力的做法和途徑，因為那些宣傳只會說中國的好話，說服力有限。對於如何改善國家形象，就中國的全面發展而言，無疑是一個離不開的問題，希望中方對此有所覺悟。所以我不認為中國的對外宣傳很有效。

傅高義：　不過，有些中國人也有頭腦，他們看到一些情況後會做出改變。現在的做法會不會持續到五年後？「文化大革命」時期的那些說法，到了 80 年代就發生了巨大的變化，我當時也根本沒有想到。所以，我不敢說今天圍繞「習近平思想」的那些宣傳口號，五年後有沒有可能發生大的變化或變化多少，但我認為是有可能的。

加藤：　我覺得您提出的這一點很重要。目前很多人總是認為，習近平都這樣了，中國就這樣了，經常唉聲歎氣，甚至感到絕望。但您剛才也提及了從「文革」到 80 年代的變化。總之，中國的事情確實說不清楚。

傅高義：　我想說的是，會有改變的，我認識的一些政府官員今天也不敢說話，亦不會批評，但他們都是有智慧和分析能力的。

加藤：　所以不要放棄，並且要保持希望，對嗎？您剛才提到了任意，他如今在做什麼呢？

傅高義：　他在北京的金融界工作，那家企業是朱鎔基的兒子當領導人的。

加藤： CICC 吧？中國國際金融有限公司。您至今在哈佛應該接待甚至照顧過不少高幹子弟的子女，例如任仲夷的孫兒任意、于幼軍的女兒于盈、教育部副部長的女兒、薄熙來的兒子薄瓜瓜……您怎麼看待那些高幹子弟，有些人還稱得上是「紅三代」。他們身上有什麼特點，給您留下了怎樣的印象？

傅高義： 他們都很能幹、很聰明。但是他們會走怎樣的路，我也不清楚。他們非常了解美國和中國的情況。他們現在回國，可能覺得國內有發展的機會，但十年後會怎樣也不好說。我能從他們身上感受到人情味。他們在發展自己的同時，也要保護自己的身份，但究竟要怎麼做，也是一個問題吧。

加藤： 您個人希望他們從事哪方面的事業呢？在日本，社會上有一個比較普遍的共識，最聰明和有責任感的人，應該到中央政府任職官員。

傅高義： 現在也是這樣嗎？

加藤： 我覺得現在還是這樣，雖然可能沒有以前那麼明顯和普遍。您認為那些能幹、聰明、有背景，曾在哈佛留學，以及了解中國和美國的中國人應該從事怎樣的事業呢？

傅高義： 我估計他們很難成為政治家，因為他們有外國的經驗，黨和政府會懷疑他們。他們是百分之百的中國人，也非常喜歡中國，但中央政治局的人不一定會提拔他們，這也是我的擔憂。他們自己恐怕也不會選擇政治家的道路，當然他們有朋友在政治局，但自己不會去做，因為知道自己曾在海外學習和生活過，不會百分之百被黨中央信任。為什麼王滬寧現在不和他的外國朋友見面呢？想一想就知道了。總之，那些年輕人在商業上好好表現應該是最安全的，可能也會在政府的研究機構或大學裏發展自己，但恐怕不會把目標定立在只有不斷被提拔，才能有機會發展自己的黨高層。

不怕北大，怕史丹福

加藤：　您的同事約瑟夫・奈教授，最近寫了一本名為《美國世紀結束了嗎？》的書，他主張美國時代尚未完結，中國不會輕易超過美國，至少近期不會。個人同意奈教授的主張。

2016 年至 2017 年，我在遼寧大學國際關係學院教書的時候，也把這本書當作一本教材，與同學一起討論這本書所提出的問題。結果，三分之二以上的學生認為中國不會超越美國，不僅是近期，長遠來看也不太可能，至少不會那麼容易。其實，這個結果沒有超出我的預料，遼寧省相對來說是比較保守的地方，學生似乎很清楚，若是經濟、軍事等硬實力，中國可能會超過美國，但涉及到科技和教育層面，例如在矽谷、荷里活、大學等綜合能力上，中國能否超越美國，他們大致認為依靠現有的制度，中國是無法超過美國的。而我個人的標準是，假如有一天北京大學超越哈佛大學，那就可以說中國達到甚至超越美國的水平了。

2008 年 5 月 3 日，時任中共總書記的胡錦濤到北京大學視察北大 110 周年校慶。那天，胡總書記在北大校園內參加了座談會，並主張北京大學應該以成為世界一流大學為目標。十年過去了，2018 年 5 月，習近平總書記到北大視察，慶祝北大 120 周年，也參加了座談會，他主張「北大應該成為中國特色的世界一流大學」。他的意思是，只有做到中國特色，才能成為世界一流大學，指出前者比後者更重要。不過，我認為世界一流大學就是世界一流大學，沒有什麼中國特色不特色的。最近眾多跡象表明，北大、清華等學府愈來愈多的中國特色，是宣傳馬克思主義和習近平思想，並壓制了學術自由和思想開放，對於外國人來說，反而變得更加沒有吸引力，只有令人感到壓力和厭惡的局面，可以說中國的大學是在退步。在此情況下，我無法想像有一天北大會超越哈佛，這等同於中國也不會超越美國。這是我目前的基本判斷。您怎麼看？

傅高義：　短期內應該不會。不過，清華大學科技方面的發展可能會
　　　　超越美國，因為他們資金充裕，可以吸引在海外留學的中
　　　　國人回國從事研發。不過，綜合而言，我也同意您的觀
　　　　點。如果高校愈管愈嚴，外國的年輕人也不願意到北大、
　　　　清華學習。不僅是學生不願意去，在環境這麼緊張，又沒
　　　　有學術自由的情況下，我們外國學者也不敢去，不願意到
　　　　北大、清華做學術交流，害怕亂說話。

　　　　那麼，我們哈佛到底害怕誰，覺得誰可能超越哈佛呢？答
　　　　案就是史丹福大學，我們怕史丹福。因為，那麼多有錢人
　　　　給史丹福捐錢，全世界還有那麼多優秀的人才願意到史丹
　　　　福。我們哈佛大學的領導人也有同樣的想法。未來二十年
　　　　之內，除非中國的大學變得放鬆一些，否則他們是不可能
　　　　超越哈佛的。而且，在哈佛畢業的中國留學生似乎也不
　　　　太願意回去，畢竟中國大陸氣氛這麼緊張，到清華大學任
　　　　職，天天學習習近平思想，不是人人願意。

想去中國哪裏調研？

加藤：　　今天，如果您有機會到中國訪問、居住，進行較長時間的
　　　　實地考察，您會選擇什麼地方呢？或者，從展開田野調查
　　　　的角度來看，中國哪些地方對您說有吸引力？

傅高義：　我現在是老人家，不能跑來跑去。（沉默 20 秒）

加藤：　　現在的調研工作與 1970、1980 年代的情況有所不同，當時
　　　　中國剛開始改革開放，您選擇到廣東那個先鋒地也是必然
　　　　的。如今選擇多了，中國全國各地都已實行改革開放，有
　　　　些地方甚至比廣東更重要或具有戰略意義。

傅高義：　有幾個可以作為候選的地方，例如東北原來是重工業的基
　　　　地，後來隨着改革開放的推進，東北很多地方變得落後和
　　　　停滯，我對於怎麼改革東北是感興趣的。另外，像成都那
　　　　樣的內陸地方，最近也發展得很快，有其吸引力。當然，

我也想去新疆，但如今恐怕不行了。在我看來，新疆和西藏不能進行調研，因為不允許。要是我去新疆調研，相信當地的氣氛會非常緊張，包括接待的人、我本人，以及採訪目標等都會十分緊張，沒有人會和我說話。所以不能在當地做調研，只能說可惜吧。

加藤：　您接下來要寫關於胡耀邦的書，也要到北京採訪一些了解胡耀邦的人，包括胡德平。所以，您還會繼續到中國進行一些實地考察嗎？您有什麼具體的打算嗎？

傅高義：在哈佛也可以做一些相關的調查和研究。《炎黃春秋》雜誌的前主編吳思，現在也在哈佛，我可以從他那裏展開一些關於胡耀邦的研究。

共產主義青年團也是我深入研究胡耀邦的一個平台，胡耀邦當時經常到全國各地的縣裏學習和了解情況，大概有三分之二的縣他都曾去過，我也打算好好了解胡耀邦在共青團期間的工作情況，這一點對我研究和書寫胡耀邦而言，相當重要。

關於胡耀邦的研究，有一個好處是他「亂說話」，哈哈。這一點可能為他的政治生涯帶來一些麻煩，但對研究者而言，倒是非常好的素材，我可以從那些談話記錄進一步及更生動地了解胡耀邦。

當然，胡德平和李盛平在我研究和編寫胡耀邦的過程中，也會起到很重要的作用。李盛平曾經帶我前往江西省的共青城市，胡耀邦埋葬在那裏。我也打算通過他們接觸一些曾與胡耀邦一起工作的領導人，以及已經退休的老人家。我不知道他們能不能向我講真話，我也不想給那些接受我採訪的人添麻煩。胡德平和李盛平會給我介紹一些合適的人來進行談話，目前我是這樣打算的。

希望看到怎樣的中國？

加藤： 日本是美國的盟國、中國的鄰居，我們的對外戰略面臨的
問題是如何同時鞏固日美同盟關係和發展日中關係，我們
也密切關注美中關係的動態和發展方向。王緝思教授曾經
提及，中國的黨政府、領導人、知識份子等，還是擔心美
國對華戰略的根本目的是「和平演變」，像前蘇聯總統戈爾
巴喬夫一樣，有意讓中國崩潰、解體。而且很多中國人，
不管是精英還是普通百姓，都逐漸偏向以「陰謀論」的角
度，來認識和看待美國的對華戰略和政策。尤其在最近中
美貿易戰不斷發酵的情況下，很多中國人認為美國對華發
起貿易戰的根本目的，就是為了遏制和改變中國，最終令
中國陷入崩潰，從而證明「歷史的終結」。不僅是那些線
民、激進的知識份子、解放軍內部的強硬派，甚至有些政
府官員也是這樣認為。例如中國駐美大使崔天凱於 2018 年
7 月 25 日在卡耐基和平基金會的活動上主張：

> 有人認為，美國在過去幾十年未能改變中國，因此中美
> 已經而且不應在同一條船上。我們都讀過這樣的文章，
> 文章還出自曾深度參與制訂美國對華政策的人士之手。
> 但我認為，改變中國是一種幻覺。我不認為中美兩國真
> 的能夠像有些人鼓吹的那樣去改變對方。中國有自己
> 的歷史、文化、政治和經濟體制。中國無論發生什麼變
> 化，都是由中國漫長的歷史所決定的。任何國家都不可
> 能真正改變中國。改變中國不應是包括美國政府在內的
> 任何國家對華政策目標。我相信這也不是歷任美國總統
> 的對華政策目標。我和基辛格博士談過這個問題，他告
> 訴我改變中國從來不是當年他和尼克森總統打開中美關
> 係大門的初衷。

這樣的表述讓我進一步意識到，中國軍人及外交官等人
士，仍然認為美國對華戰略的根本目的就是改變中國，至

少是遏制中國。或許,有一些美國的戰略家確實定立了這樣的目標。

您作為一位美國學者,以及研究中國的學者,您希望看到怎樣的中國,希望中國將來發展成什麼樣子呢?有一個名為「民主和平論」的學說,就是指民主國家之間不打仗,這個學說有比較切實的歷史經驗和依據。根據這個理論,我也覺得中國變成民主國家對地區和世界更好,不敢說一定好,但變好的可能性更高,亦有更大的把握,我們相互之間會更加信任,誤判和打仗的可能性會下降。我也接觸過一些美國學者和外交官認為中國不可能,也沒有必要變成美國這樣,但需要擁有更多的民主、自由和法治,就像新加坡那樣。當然,這個問題也沒有定論,大家還處於討論和爭議的過程中。

傅高義: 你提到崔天凱所說的話,令我有一些感觸。的確,近來有一些美國人覺得美國和中國是競爭關係,甚至是敵對關係。最近在華盛頓,有些人認為美國近年來的對華接觸政策失敗了。雖然我不同意這種說法,但也不覺得奇怪。當年,中國根據鄧小平訂立的路線加入國際組織,例如世界貿易組織,這是一件好事,亦能夠促使中國按照國際規則做事。如果作為世界最大的貿易國家,中國不參加 WTO,那麼 WTO 是什麼啊。

中國也不可能變成美國這樣的國家,但變成新加坡那樣的國家還是有可能的,有法治,給公民更多的自由,但中國人想要的自由應該和美國人不同。我給你舉一個例子,例如一些外國人要到北京訪問,他們擔心在北京被中國人打,為了避免這種情況,中國的員警要想辦法讓可能對外國人施襲的中國人離開在北京,要麼不讓他們進城,要麼把他們驅逐出去。中國人是接受這種做法的,但美國人不會接受。我個人認為,美國社會對美國公民個人財產和權利的保護也有些過分,例如高鐵,由於要保護個人

的財產，所以美國無法興建。但中國政府有辦法，實施過程也很快，可見中國人考慮的是全國的利益，而不是個人的利益。若在美國，就不可能這樣。當年歐洲的移民來到美國，後來建國，保護個人自由歷來是美國的精神。美國的飛機、汽車等領域發展得很好，但鐵路建設始終不好，太落後了，這與美國的建國精神、社會特點、公民性格有關。中國則不同，中國人更多考慮的是全國人民的利益，中國政府不會給那麼多自由，中國人也不要那麼多自由。中國走類似新加坡的路線是有可能的，包括按照法律和規矩做事的發展方式，也不逼迫公民學習領導人思想，中國可能會選擇這種發展路線。我認為中國也有很多能幹的、了解世界和思想開放的官員，考慮到這一點，中國選擇新加坡那樣的道路還是有可能的，我個人認為這對中國未來的發展來說是最好的選擇。

第四章

運氣也是一種實力

運氣也是一種實力

加藤： 您從日本回到美國，在耶魯大學教了一年書後回到哈佛，1961 年開始學習中文，1962 年去了英國殖民下的香港。您在 1963 年出版了《日本新中產階級》，1969 年出版了《共產主義下的廣州》，1979 年出版了《日本名列第一》，1989 年出版了《先行一步：改革中的廣東》。您一開始跟日本和中國沒有任何關係，也不是專門研究語言的。但您始終堅持學習日文和中文，同時做研究並出版關於日本和中國的書。您是怎麼做到的呢？

傅高義： 現在 30 到 40 歲的美國學者中，有幾個在我看來是值得栽培的，他們在學習日文和中文，同時也在研究日本和中國。我會觀察他們怎麼做，以及效果如何。

　　至於我自己，其中一個因素是我的運氣不錯。我是拿着獎學金去日本的，起初學習日語的語言學校不好，但後來的學校還不錯。不過，我開始學習日語時，已經 28 歲，年紀太大了。我很羨慕你從 18 歲開始學習中文，能這麼早接觸外語，實在令人羨慕。我當時的責任很大，從香港回來後，不久就開始教書。我一邊教書，一邊不斷學習日文和中文，同時還要處理行政工作，所以我當時處於非常緊張的狀態。不過，我在從事博士後研究的 3 年期間，可以不斷學習中文，以及中國歷史等，當時很多人都沒有這樣的機會，當時哈佛幾位教授所教的中國學也不錯，我從他們身上學到許多相關的知識。所以，我當時的環境和運氣都算不錯。

加藤： 您一直説自己運氣好，日本也有一句話叫「運氣也是一種實力」或「運氣來自實力」。您覺得自己為什麼總是運氣好呢？例如日中關係的這本書，很大機會在習近平訪日的時候出版，因此很有可能擴大影響力。這也是一種運氣嗎？

傅高義：　這個不是運氣，是我考慮和策劃過的。哈佛大學出版社本來要我在明年交書稿，但我後來考慮到習近平的訪日議程，於是決定抓緊時間寫稿，把握這個機會。出版《鄧小平時代》的時候，我可能考慮了一些時機因素，但《日本名列第一》的出版情況，我的確沒有考慮過，當時我只是出於美國人應該多了解日本的想法，於是決定編寫和出版那本書。1970年代，日本發展得很好、很快，歷史上沒有一個國家發展得這麼快，很多美國人對此感到驚訝，不知道為什麼日本發展得那麼好。而我作為一個哈佛大學的教授、日本問題專家，有責任讓美國人多了解背後的原因。而且，我當時也預計日本在1980年代會繼續發展，所以應該通過出版那本書（筆者註：1979年出版），讓美國人了解日本，同時有思想準備。但我確實沒有想到《日本名列第一》會引起那麼大的迴響，銷售量那麼好，所以這算是運氣。另外，我從一開始研究家庭方面，到後來研究政治和經濟，這其中的變化也是我的運氣好。因為當初我確實沒有什麼目標和計劃，但後來發現，我是研究日本家庭問題的，當時沒有人做這方面的研究，大多人寫的是日本政治經濟，但我比他們更了解日本人的想法和思想，所以由我來編寫日本政治經濟的書，會有不一樣的效果，也寫得更好。

加藤：　　我想到一個詞——敏感度，您對研究目標和領域始終保持着很好的敏感度。您到日本後，開始研究日本和美國的家庭如何對待精神病患者的比較，但發現沒有什麼很大的不同，於是您開始思考應該從更廣泛和綜合的角度來看待日本社會。

傅高義：　嗯，不過我也受到當年哈佛導師帕森斯（Talcott Parsons）的影響，他一直宣導和建議我們應該全面、廣泛、綜合性地研究問題，他的教導對我寫出那樣的書也有幫助。不過，我現在回顧，博士階段太長、理論太多了，浪費時

間。本來要用五年學會的學識，要是學得快、學得好，我
看三年就夠了，應該縮短一點時間。這也是我對當年博士
階段的感受和回顧吧。

美國有沒有下一個傅高義？

加藤： 中文有「年輕有為」和「後生可畏」這樣的形容詞。當
年，您的研究目標鄧小平圍繞中國和日本的領土問題，也
提出過「先擱置」的思維，認為後輩更有辦法解決敏感的
領土問題。那麼，您如何看待不同年代的學者之間的差異
問題，例如從您的長輩費正清（John K. Fairbank）、賴肖爾
（Edwin O. Reischauer）到您的晚輩，您覺得年輕一代在日
本問題和中國問題方面的研究水平、姿態等，表現如何？
跟您的年代相比更為優秀，還是有所退步？

傅高義： 年輕一代對語言的掌握比我好。今天的語言學習比我當時
更為便利，也有更多教法。特別是聽力方面，我和一個人
聊天是沒有問題的，但當很多人一起開會，尤其是涉及我
不熟悉的主題時，我就聽不太懂了，但今天的年輕人能夠
聽懂和理解。在生活方面，畢竟今天有很多在中國出生長
大，後來到美國留學、移民，因而成為美國人的學者，
他們對中國的語言、生活等當然更加了解。所以整體而
言，晚一輩的水平更高。另外，他們對統計資料等新的研
究方法掌握得更好。舉一個例子，有一個印第安那大學的
教授，他上大學的時候曾學習日語，他的太太好像是日本
人……

加藤： 黎雅澹（Adam P. Liff）。他當年在史丹福大學修讀本科，
後來到北大留學。他要去日本的時候，要我給他介紹一些
日本朋友，後來他跟我介紹的一個女生結了婚，所以我們
很有緣分。我覺得 Adam 很好，會日文和中文，對兩國的
社會、制度、文化、民族、歷史等方面，都有比較深入的
了解。

傅高義： 對，就是 Adam。我覺得他會有前途，包括他對中日關係
方面的研究。除了 Adam，還有兩三位同時學習日文和中
文的年輕學者，例如 Robert Hoppens，他是華盛頓大學的
博士，目前在德克薩斯州的大學（University of Texas Rio
Grande Valley）教書。他寫過 1950 至 1960 年代日本對中國
的政策，關於那段時期的歷史，他寫得很不錯。雖然他是
研究日本方面的，但他的太太是中國人，所以他對日本和
中國都有所研究。我還認識一位女學者，她在緬因州同時
做日本和中國的研究。這三個人都是我前面提及過培養年
輕學者的制度專案裏的人。另外，大概還有一兩位學者。

加藤： 您至少認識五個同時做日本和中國研究的人。這樣的話，
可說是比您那個時候更多，因為當年只有您一個人對吧？

傅高義： 除了我之外，還有一個名叫饒繼凡（Gilbert Rozman）的
人，他如今在華盛頓，他的語言能力很好，不僅會日語、
中文，還會俄語。他能閱讀，但談話是否流利，我就不知
道了。

不過，我剛才提及的這些人所接觸的人不一定比我多，我
運氣較好，除了學者，我與政治家、企業家等也有來往，
接觸的人比較廣泛。但我認為 Adam 還是有前途的，他是
比較自信的人，看 Adam 如何發展自己吧，我也很關注他
將來會怎麼寫作。

我的研究有一個好處是通過人來認識社會，了解社會的結
構。我也通過在哈佛進行訓練，有組織有計劃地展開研
究。我是一個在地方小鎮長大的人，寫作的時候會考慮家
鄉的高中同學們能否看懂我寫的內容，我當然對歷史、文
化等方面要有深入的了解，但寫作時，我盡可能不用那些
流行、難懂、複雜的語言，而使用一般人看得懂的，通俗
易明的語言來寫作。這裏說的一般人，大概是大學畢業的
中產階級，只要對這個話題感興趣，就能看得懂的那種程

度。今天的年輕人為了博士論文能合格，讓指導老師覺得滿意，因而使用很多流行的語言和方法，難免流於狹隘，而我的方法和語言可說是更為廣泛。

我認識一位教中國社會學的副教授，他在台灣長大，還沒有得到終身教授的資格，要看未來幾年的情況。他的中文水平比我好，今年去了法國做調研，出了一本書，我認為他使用了很多流行的話語，很多社會學者可能覺得這本書很好看。我知道有很多社會學者認為我對社會學沒有什麼貢獻，這一點我也承認，我確實沒有什麼貢獻。如今的年輕學者需要表現的，似乎是在社會學、經濟學等方面所謂專業的貢獻，從這樣的角度看來，我確實沒有，但也無所謂。我並不以此作為目標。

加藤：　您曾經在著作、採訪當中，提到一個觀點：有一定影響力和責任感的學者，特別是公共知識份子，需要提出廣泛的概念，大膽地提出觀點，綜合性地討論問題，而不要陷入過於微觀和狹隘的境地。這算是您對 Adam 等年輕學者的期望和忠告嗎？

傅高義：我認識一個年輕學者，他在普林斯頓大學研究中國政治，名叫 Rory Truax。他至今還沒有得到終身教授的職銜，所以在拿到這個職稱之前，故意研究和寫作一些令教授、領導人等滿意的內容，但我認為是狹隘的。一旦成為終身教授，他可能轉向研究更加廣泛、大膽、綜合的課題，我認為他和我之間有一些相似的傾向。我也非常關注他接下來的發展動態。其實，包括哈佛大學在內，一個人能否成為終身教授，大約取決於 35 歲到 40 歲之間，那個年齡層之前，比如 20 多歲的時候，即使他的語言能力很好，知識廣博，熟悉很多的研究，但還看不出他是否有組織研究和領導一個院系的能力，要等到 35 歲到 40 歲的時候，才能知道他是否適合做終身教授。我們老人家是這麼認為的。

本書另一作者，加藤嘉一於2018年8月31日在傅高義位於哈佛大學的住宅內訪談。

兩位作者訪談當日的合照。

談談何為愛國

加藤： 您的同歲好朋友，即《朝日新聞》的松山幸雄先生在您的
《日本名列第一》日文再版（TACHIBANA Publishing Inc.，
2000 年）裏，寫了序言〈全球主義愛國者的苦言〉。在這
篇文章中，他把您形容為「擁有全球視野和精神的愛國主
義者」。您認同嗎？

傅高義： 哈哈，也許是吧。他是我很好的朋友，我很喜歡他，也佩
服他。

加藤： 我在日本出生長大，18 歲到中國留學，28 歲到美國遊學，
但到了美國才明白和體會到什麼是愛國主義。美國人才是
真正的愛國，他們因為愛國才會批評政府，為的是國家
好、社會好、公民好，甚至是為了世界和全人類好。

對美國人來說，愛國主義與個人主義不是互相矛盾的，甚
至是相輔相成的。可是在日本，由於二戰時期的陰影，民
眾不敢面對「愛國」這兩個字，因為容易令人想起軍國主
義的影子。在中國，「愛國」兩個字也顯得十分畸形，容易
被政治化、被歪曲，或被利用為政治口號的成分。當「反
日遊行」發生時，中國人以「愛國無罪」的名義破壞日本
貨和日本店，向日本大使館扔雞蛋等，我在北京親眼看到
和經歷過這樣的事情。當然，這種行為是過份激進的，並
不是所有中國人都把「反日」等同於「愛國」，也有不少
理性的人，以及呼籲理性的人。而美國人的「愛國」是最
為純粹和真實的，這是我的觀感。您認為怎樣才能做到愛
國呢？

傅高義： 以前，美國社會能提供的自由、個人權利、機會都很不
錯，很多移民也因為這些因素而嚮往美國。不過，如今美
國面臨的其中一個問題是自由太多了，特別是有錢人因其
享有的自由可以做太多事情。例如因為自由太多，民眾會
提出各種各樣的權利和想法，始終無法推動鐵路的建設。
所以，我們如何把握自由的尺度也是一個問題。

另外，最近美國的「軍隊主義」過於氾濫。1970 年代的越南戰爭就是美國所犯的錯誤，後來我們的軍隊又在伊拉克、敘利亞犯了錯。但美國至今仍有很多人想依靠軍隊解決問題，包括特朗普。這反映了美國國內人民對現狀不滿意的情緒正在不斷氾濫。談到愛國，我覺得以前美國政治界的 Madeleine Albright、Mike Mansfield、Walter Mondale 等愛國主義者，是為了國家的未來而做事，而如今更多人是為了狹隘的利益。可見，現在擁有健康愛國主義的年輕人不及我們那個年代。今天的美國不如以前的美國了，作為一個學者，應該承認這樣的現實。

加藤：　您覺得美國接下來長遠的發展應該依靠什麼？

傅高義：我不確定美國既有的東西會改變多少。美國作為一個國家能不能接受更小的目標呢？我們有很多問題要改善，例如我們的交通問題，包括高鐵，以及紐約、華盛頓、波士頓的地鐵等。日本的地鐵、新幹線發展得非常好，美國也應該那樣做，但我們的制度不許可，可能我們的工作能力也達不到。

關於學生的教育制度也要改進，醫療制度方面也的確不如日本和加拿大。雖然我們中產階級的生活還不錯，基本令人滿意，如果你讓我從全世界選擇一個國家生活一輩子，我還是選擇美國，因為生活很舒服，該有的東西都有，也能接觸來自世界各地的人。個人生活是可以的，但作為國家該怎麼辦，還是有很多應該反思和改進的地方。我作為學者，應該要堅持扮演批判者的角色。

加藤：　出版《日本名列第一》（1979）是為了讓美國人了解日本，從日本成功的經驗中學習和汲取一些教訓。我認為您這樣的出發點是愛國主義的表現。

傅高義：我出版那本書後，有機會與松下幸之助見面交流，他見到我就說：「哦，你是一個愛國主義者，我知道你。」他接

着説：「您寫那本書，完全是為了自己的國家，您的目標
很明確。」他説對了。

像孩子一樣聽話

加藤：　您好像每天堅持走路運動？

傅高義：對，我的目標是每天走兩公里，陪妻子走一走。妻子希
　　　　望，也鼓勵我堅持走路。

加藤：　您的夫人對您還有什麼要求嗎？

傅高義：我和妻子結婚 40 年了，我們是 1979 年正式結婚的。她
　　　　在劍橋長大，她的父親是哈佛校園內的員警。她的父親
　　　　在 1929 年左右上了哈佛大學，取得獎學金，但他的成績
　　　　一般，所以從第二年開始不能繼續拿獎學金，讀了一年書
　　　　就退學了。然後找工作，當了員警。他們家庭很樸素，算
　　　　是中產階級，我的家庭也是中產階級，但我父親沒有經濟
　　　　方面的困難，因為他有自己的店鋪。我的妻子還有一個弟
　　　　弟，已經去世了。她是在哈佛念書的，曾經結過婚，後來
　　　　離了婚。她在哈佛大學的老師後來搬到夏威夷，所以她也
　　　　到夏威夷修讀博士學位，論文是關於中國家庭的，我覺得
　　　　她的博士論文寫得好："The Return of the God of Wealth：
　　　　The Transition to a Market Economy in Urban China"。這本書
　　　　描寫了 1980 年代在城市富起來的中國人的故事，而且結合
　　　　了神的元素進行研究。她的研究做得很好，但她不是工作
　　　　狂，她的愛好比我廣泛得多，例如：觀鳥、種蘑菇、參加
　　　　社區活動，以及每個星期一、三、五到健身房運動。對於
　　　　家庭和生活上的事情，她比我懂得更多，更會享受生活。
　　　　在我看來，她是一個實事求是的人，不驕傲，雖然我有一
　　　　定的知名度，但她始終把我當作一個普通人，而不是一位
　　　　有名氣的學者。

加藤：　我知道您的夫人會說廣東話，是一位研究中國問題的人類學家，您們是同行。您在俄亥俄州長大，後來到劍橋教書，而您的夫人是在劍橋長大，後來到俄亥俄州教書，這是命運的巧合吧。我們那天一起吃晚飯時，我發現她總是告訴您該做這個，該吃那個，您也像孩子一樣聽她的話。

傅高義：我非常感謝她，她是一個很實在的人。她一直勸我好好休息，輕鬆地生活。我小時候不是會彈鋼琴嗎？她希望我重新開始彈鋼琴。但我不願意，我有日本的研究、中國的研究、研究所的工作，以及與各種人的會面，我太忙了，根本沒有時間彈鋼琴。我有三個孩子，她沒有自己的孩子。她比我年輕 13 歲，她對我的孩子也不錯。我的前妻蘇珊，在三四年前因為得了肝癌而去世了。我的妻子不願意代替前妻扮演母親的角色，所以擔任了姐姐的角色，她對我的孩子來說是一個大姐姐。總之，他們的關係很好。

加藤：　您們都是學者、高級知識份子，都傾向於講道理，各有各的看法和邏輯，有時候，這樣也不好相處吧？例如在日本，很多官員的妻子往往是普通的家庭主婦，日本似乎有這樣的風俗習慣和氛圍，假如兩個人的地位都很高，確實不好相處。但我看您把這方面處理得很好，家庭穩定，事業與寫書也沒有耽誤。這麼多年來，您是怎樣做到的？作為家庭問題的專家，您怎麼看待自己的家庭問題，以及家庭與事業之間的關係呢？

傅高義：蘇珊的父親是基督教的牧師，所以她對自己各方面也很嚴格。她大學畢業後，學習社會學並取得碩士學位，她很聰明，也很能幹。我的兩任妻子都和我一樣聰明能幹。不過，我是一個工作狂，研究得很瘋狂，所以我的成就超越她們。我對第一任太太確實不夠好，現在回想起來，感覺很對不起她。當初，我取得博士學位後去了日本，從日本回來後，學了三年關於中國方面的知識和中文，三年後我

開始教書。當時，我覺得按照哈佛大學的標準來說，我是不夠資格的。例如有一些研究法國的同事，他在高中的時候開始學習法文，在攻讀博士期間也留學法國若干年，所以他的法文很好，亦非常了解法國。相比之下，我作為副教授還是不夠資格的，所以我每天不斷學習，狀態始終非常緊張。當時，很多人覺得沒有合適的機會發展自己，我的情況正好相反，我是發展得太快，33 歲就開始教書了，也負責栽培社會學的學生，還有在東亞系學習日本和中國的學生，肩負這麼多責任，精神也很緊張，因而忽略了家庭。

學霸家族

加藤： 您覺得自己由於工作太繁忙，狀態過於緊張，所以沒有照顧好家庭？

傅高義： 嗯，我也要好好反思自己。我對妻子太苛刻，對孩子也太嚴苛，尤其是老大，對老二、老三要好一些。我和老大之間沒有進行過很輕鬆、舒服的溝通，我也沒有精力跟他靜下來好好相處和交流。由於我的腦筋太過緊張，我努力給他們時間，但還是沒有相處得很好，未能滿足他們的要求，也沒有給家庭一個寬鬆的環境。現在，我和三個孩子的關係都問題不大，但給老大留下的心理陰影還是存在的。老大在日本讀幼稚園，三歲半才回到美國。他在日本讀幼稚園全是用日語溝通的，他也一直說日語。剛回到美國繼續上幼稚園的時候，周圍的孩子嘲笑他的英文不好，所以老大很快就不想說日語了，後來也沒有繼續學習日文了。

老二（筆者註：Steven Vogel，加州大學伯克萊分校教授）的情況有所不同。他在 1961 年出生，1975 到 76 年的時候在日本生活一年，當時我問他想不想去西町（Nishimachi）的學校，是由賴肖爾大使日本太太的姐姐所辦的，是為

外國人、外務省的孩子等所開設的學校，位於東京港區麻布（Azabu）地帶。當時，我的女兒也去了那所學校讀小學五年級。那時候，老二有機會去上啟明學園（Keimei Gakuen），它的成立與三井集團有關，是為了從海外歸來的「歸國生」而設立的學校。老二當時是唯一一個外國學生，周圍的同學則是剛從海外回來的日本人，所以老二和日本同學的關係也非常融洽。老二在那裏讀了一年的書回到美國時，我跟妻子的關係已經出現問題，開始談論離婚的事情。於是，老二決定回到日本繼續念書，不留在美國。所以，他在啟明學園上了高中二年級和三年級，並在這間學校畢業。你是在中國的北京大學就讀和畢業的，應該能感覺到，雖然老二身邊的同學都是有海外背景的人，但畢竟都是日本人，他在當地上學期間，都是以日語溝通，所以他的日語應該比我好，而且他還是在年輕的時候接觸和學會日文的，表達也更為自然。他在啟明學園畢業後，被普林斯頓大學錄取，開始學習比較政治，沒有專門研究日本問題。到了大學三年級，他要準備畢業論文，於是在夏天到日本做調研。我有一個學生名叫伊藤信太郎（Shintaro Ito），現在是自民黨的眾議院議員，是仙台選出來的議員。他的父親也是國會議員，名為伊藤宗一郎，老二在日本期間，就是在他的事務所工作，那是非常好的機會。後來，伊藤議員當了防衛廳長官（筆者註：伊藤宗一郎 Soichiro Ito，是一位很著名的日本政治家，除了防衛廳長官，還擔任過科學技術廳長官、眾議院議長等重要職位），地位很高，於是老二決定通過老闆的關係，寫關於日本防衛政策方面的畢業論文，因為他有機會採訪從事和參與日本防衛政策的人員。至於感情方面，他在普林斯頓期間與一個女孩子交往，後來結婚生了兩個孩子，婚姻生活維持了 15 年左右，然後離了婚。他前妻的父親是費城的有錢人，也是普林斯頓畢業的，後來他給母校捐款興建了一棟大樓，那棟樓刻着他的名字，他對普林斯頓的感情至深。至於職業生涯，老二接着做日本方面的工作是再自

然不過的，他後來寫了兩本書，博士學位是在加州大學取得的，之後在加州大學爾灣分校任教五年，後來在哈佛做了三年的副教授，然後回到加州大學伯克萊分校當比較政治科的教授，至今已經有十多年了。他也學習法文，博士論文是關於日本和法國的比較政治。他不會德語，但也研究歐美的比較政治。老二有兩個孩子，大的已經從普林斯頓畢業了，而小的正在普林斯頓讀二年級。

至於老大，我還是有些對不起他，他明白我和前妻的關係不好。他畢業於麻省大學阿默斯特分校，然後去了克拉克大學（筆者註：位於馬薩儲塞州的私立大學，1887 年建校）學習心理學，但沒有取得博士學位，因為他在寫博士論文的時候，他的導師病了，後來也沒有其他教授接替，他也就寫不下去了，最後沒有拿到學位。後來，他跟猶太教的女生人結婚，我也是猶太教的，我妻子小時候在天主教的家庭長大，但她也不太參加宗教活動，現在就沒有什麼宗教信仰了。老大和猶太教妻子的婚姻維持了十多年，有兩個兒子。這兩個兒子的情況比較複雜。大兒子是精神病患者，高中畢業以後得了這個病，我們給他準備了一些藥物，但不怎麼見效，現在住在夏威夷，我們也常常去看他。老大現在在一所基督教大學當心理學講師。其實，我們一家每年都會相聚一次，大概是聖誕節到新年放假的時候。我給你看看每年拍照留念的全家福。

（傅高義去拿全家福照片）

是我的表弟，我的爸爸和他的爸爸也是表哥表弟的關係，我的祖父和表弟的祖父是兄弟。表弟是主攻精神病的醫生，我老大不是研究心理學的嗎，他也幫我表弟做了一些研究，因為表弟那裏有很多患者需要做一些分析工作。老大的大兒子，現在 32 歲吧，也是精神病患者，我們都覺得太可惜了。因為這個孩子，老大和前妻也經常見面，去夏威夷探望兒子。我今年 10 月也去日本，但先去夏威夷

看孫子，陪他兩三天再去日本。他的弟弟，就是老大的二兒子，31歲，個子很高，是一名同性戀，他現在在一間叫Night Club 的地方工作，自己彈吉他、唱歌，也作曲、作詞，他可以說是一個 artist，是一個很能幹的人，他很好。他高中二年級的時候去了中國，在我西安的朋友家裏生活了半年，他也學習中文，唱中文歌。他後來到紐約大學上學，學習英文，也繼續學習中文，他的中國朋友也協助他到中國唱歌，他已經去過一兩次了。我的第三個孩子是女兒，她也很特別，在馬薩儲塞州大學教地理和環境問題，照片裏站在她旁邊的是她的孩子。她是「single mother」（單親媽媽），沒有結婚。

加藤：　中文應該叫「單親媽媽」吧。

傅高義：對，單親媽媽，孩子今年 13 歲。她在耶魯大學畢業，修讀的是環境問題。她的博士學位是在俄勒岡州拿到的，那裏有一條哥倫比亞河，那條河跨越那一帶的四個州份，她的研究是關於整治哥倫比亞河一帶的環境，以及四個州份如何共同處理周邊的環境問題。她現在是馬州大學的終身教授，一直積極研究環境生態的問題。她是一個很有理想的孩子，曾經在聯合國維和部隊工作，在中美洲的洪都拉斯生活了兩年，在山區幫助當地人發展林業。她一個人一直帶着孩子，很不容易，工作也非常緊張。

加藤：　很不容易，她也是所謂的「教育媽媽」嗎？

傅高義：怎麼說，她跟孩子一直有爭論。

加藤：　您這個大家庭一共有多少人呢？

傅高義：三十個左右。我有三個孩子、五個孫子。我還有一個妹妹，也是在俄亥俄州長大的。她從哈佛大學教育學院取得博士學位，後來跟一個猶太人結婚。妹妹比我年輕兩歲，她丈夫比我大幾歲，今年 93 歲吧。他十多歲的時候從波蘭移民到美國，本科畢業於麻省理工學院，在哈佛的物理

學院取得博士學位，他博士畢業後成立了自己的公司，是一間運用物理學的公司，做得很成功。我妹妹雖然得到博士學位，但後來沒有工作，負責養育孩子，她有三個孩子，一個兒子，兩個女兒，還有六個孫子。他們大概都在這些照片裏，照片裏也有我老二的女兒、老大的第二任太太，我的堂哥、堂弟、堂妹，我父親妹妹的兒子，還有我老大的前妻，她後來也再婚了。我妹妹的二兒子也在加州，和我的二兒子也有密切的關係，他們都住在伯克萊，是好朋友。

加藤： 實在是一個龐大的家族啊！

傅高義： 我和家人之間的關係不錯。我跟三個孩子每星期都有聯絡，與住在馬州的老大和他的妻子每星期也會一起吃飯，從這裏過去大概 80 公里吧，很近。

加藤： 您的家人對您的人生和事業，意味着什麼呢？

傅高義： 我對自己的孩子還是抱有責任感的，他們都在教書，生活上還好吧。

加藤： 而且，您的家人大多數都有博士學位。

傅高義： 老大最終沒有取得博士學位，但他當時也一直努力進行博士階段的研究。

加藤： 他們都是教育界的人，在大學裏做研究和教書，算是社會精英。

傅高義： 算是吧，他們都很重視教育。我的妹妹和妹夫也有博士學位，我們都算是書呆子吧。

加藤： 您的妹妹也是哈佛的博士，您們都是。

傅高義： 對啊，實在不簡單。雖然我的父母沒有大學學歷，但他們喜歡讀書。我的父親從歐洲移民過來，猶太教的人當時是不能上大學的，因沒有資格和金錢。我的父母非常重視教育，雖然自己沒有機會上學，但努力幫助孩子爭取念書的

機會了。所以兩個孩子從哈佛大學取得博士學位，他們都非常高興。

加藤： 所以您應該也為您的家人感到自豪吧，算是實現了全家夢想。

傅高義： 可以這麼說。不過，我父親也可能是百感交集，他在 1924 年開始創立自己的店鋪，後來他很想要接班人。他一方面希望我能接管他的店鋪，但另一方面希望我能好好學習，我的母親也鼓勵我好好學習。最後我還是選擇了學習的道路，父親把店鋪賣給了其他人。

對費孝通的印象

加藤： 1973 年第一次訪問中國，您和同行的費孝通有交流嗎？

傅高義： 有。後來，費孝通訪問哈佛三天，就住在我家的第三層。之前，大概是 1946 年左右，費正清的妻子曾邀請費孝通來哈佛。我覺得他 30 年代在小鎮做的研究還不錯，的確是一個比較優秀的人。但後來發現他在解放後沒有做什麼研究，也不講真話。美方的學者希望和中國的社會學家建立聯繫，所以誇大了費孝通的能力，當時美國學者對他的評價也不客觀。他表現得什麼都知道，不想表現出自己沒有做什麼研究。

加藤： 費孝通到哈佛，並在您家中住了三天，這是哪一年的事情呢？

傅高義： 我們是 1979 年搬到這裏的，大概是 1980、1981 年的時候吧。

加藤： 他的英文水平如何？您們是用英文還是中文溝通的？

傅高義： 應該是用英文。他的英文不會有什麼問題，因為他大學時期曾在芝加哥留過一段長時間。二戰期間，費正清夫婦在重慶工作，二戰結束後，費孝通也負責中美學術交流方面

的工作，帶領中國的學者訪問美國等。當時他們在美國旅遊兩個星期，是由費正清的妻子陪同的，她非常喜歡費孝通。所以他在我家住了三天，費正清的妻子也很想探望和招待他。

每天工作十小時

加藤： 您現在有很多工作，包括研究、演講、寫作、訪談和主持會議等，您每天大概工作多長時間呢？

傅高義： 差不多 10 個小時吧，包括處理 E-mail，這也很花時間。每個星期三，我都會邀請別人到哈佛演講，我負責主持活動。這個工作也很吃力，包括邀請人、與人溝通，以及做一些準備，我今天早上也為此工作了一小時。我也重視與朋友見面交流，畢竟有朋自遠方來嘛，要好好接待和交流。

加藤： 您有沒有想過放下工作，休息一段時間呢？

傅高義： 我已經老了，時間不多，非常寶貴。當然我也要休息，但我還是把工作看得很重，我的責任感比較強。例如就日中關係而言，如果我能寫一本好書，就是做了一些貢獻。還有栽培研究日本問題、中國問題的年輕人。我們有一個組織名為美中關係全國委員會（National Committee on U.S-China relations），每三年會選定 20 個年輕的學者召開會議。我們一個星期在華盛頓開會，一個星期在中國開會，我擔任顧問。我兩個月前和十個年輕學者一起去了中國，陪他們前往北京、東北等地方。我的任務不僅是給他們講課，還利用了我的人脈關係，讓隨行的學者這次在北京與楊潔篪會面。在華盛頓，我們也會讓年輕人接觸一些領導人和官員，在國務院、國防部、智庫等，因為這也是公共知識份子專案，從培養人才的角度，讓年輕學者多了解政策的實際情況。日本方面，我參與了曼斯費爾德基金會

（Mansfield Foundation）的項目，每兩年選定 15 人，一星期在華盛頓，一星期在日本，不僅在東京停留兩至三天，而且一定會前往另外一個地方進行實地考察，例如沖繩等。總之，我是從本着培養年輕學者的心態，義務參與工作的。每一個項目都有四至五位顧問，但只有我一人橫跨了中國和日本的專案。這個工作也花費時間和精力，但我把它看作是做貢獻，所以投入其中。

加藤：　您有沒有午睡的習慣？

傅高義：我沒有午睡的習慣。今天中午吃完飯後，出去買了一些東西，然後就到這裏與你對談。

加藤：　很多中國人都有午睡的習慣，日本人倒是沒有。

傅高義：我第一次去廣東的時候，發現當地人在吃完午飯後，會小睡片刻。我中午不睡覺，原本是晚上 11 點或 12 點睡覺，然後早上 7 點或 8 點起床。但最近一兩年，一天要睡兩三次，因為寫書會很疲累，我每次一般只能集中兩三個小時，然後就很累，要睡二十至三十分鐘，醒後接着寫。您呢？

加藤：　我一般不午睡，晚上 10 點或 11 點睡覺，然後早上 5 點或6 點起床。

傅高義：我原本也和你差不多，但最近頭腦太累，也容易感到疲倦，有時晚上也不能安睡。

加藤：　最近在日本和中國失眠的人非常多，您的睡眠質素如何呢？

傅高義：最近不太好。年輕的時候沒有問題，11 點或 12 點睡覺，然後 7 點起床，很有精神。但不知道為什麼，最近睡眠不太好。

加藤：　要是在日本或中國的話，有心事和壓力的人，好像較容易失眠。您最近有什麼心事嗎？

傅高義： 最近一兩年我在寫書，所以大腦一直處於緊張狀態，可能是這個原因導致睡眠質素不好。我一般在吃完飯後，會睡二至三十分鐘，然後開始寫作，直到 11 點或 12 點再睡覺，有時睡得好，有時睡得不好。而且，最近我的喉嚨有一些小毛病，腸胃也有一些小問題，這些也會影響我的睡眠吧。為了睡得好一些，我晚上睡覺前，會喝一點普通的葡萄酒，這樣會睡得好一點。我白天不喝酒，吃晚飯的時候也不喝酒，只是在睡覺前喝少許。

工作狂的秘訣

加藤： 很多人都很好奇，傅高義快九十歲了，但每天工作十個小時，還在堅持寫書，也經常到中國、日本等地訪問、做演講、交流等。您依舊保持着工作熱誠和責任感。您是怎麼做到的？

傅高義： 哈哈，簡單來説有三點吧。一，興趣；二，責任感；三，成就感。例如《鄧小平時代》能夠那麼成功，首先是因為我有興趣，我也得到了支持，像費正清中國研究中心的南茜，她非常支持我。哈佛大學老師們的學生都很好，我的同事很有成就，他們背後的動力就是學生。學生和年輕的朋友一直以來鼓勵和推動我們前進，讓我們有動力多做一點事情，多出版一些好書，這個過程也讓我感覺到人情味。我從小重視朋友，這方面受到父親的影響。我的父親在開店鋪的過程中，也特別重視顧客，有些顧客買了他的鞋子，後來把鞋子拿來跟我父親説有問題，父親二話不説直接免費換給他，他把顧客當作朋友，有些人對他的做法有意見，但他也不在乎。於是，他在小鎮裏逐步建立了名氣，也有很多朋友。

嚴格上，我不是在農村長大的，家鄉的小鎮裏有一所大學，有 2,000 個學生，100 個教授，這些教授大部分是男性，他們的妻子也在小學、中學等當老師。至今，我還有

跟當年一些教授和教師的孩子聯繫。小鎮有一萬人，也有
一些中國人，我認識一個家庭的主人本來在燕京大學教音
樂，後來移居到我們的小鎮，我們也是朋友。小鎮每年舉
辦一個選拔「Citizen No.1」（一號公民）的活動，我的父親
曾經在 1958 年，就是我去日本的那一年，當選過。所以，
我的父親在當地算是有名氣的人，小鎮裏很多人都佩服我
的父母。雖然我不是很努力的學生，但我成績比較好，所
以大家都誇獎我。我不打籃球，但很會彈鋼琴，所以也不
算是書呆子吧！初中時曾在小鎮裏得到一個獎項。另外，
雖然我是猶太教徒，但居民並不排斥我們，還是非常歡迎
我的。我上高中的時候，100 個同學中，有 10 個是黑人，
他們踢球、打球都很好，但當時仍然有一些種族歧視，他
們不會到白人家裏，但猶太教徒沒有問題。高中的時候，
我們有一份校刊，我曾擔任編輯，我還會參加學校辯論隊
的活動。

加藤： 假如您不工作了，不研究也不寫作，也不像現在天天跟人
見面交流，完全休息……

傅高義： 你這個說法跟我太太是接近的。

加藤： 您會選擇哪一個國家或座城市來安享晚年呢？

傅高義： 還是哈佛吧。我在哈佛有很多朋友，有以前的學生和朋友
等，可以經常見面聊天。我也很喜歡俄亥俄州，也希望可
以常常與家鄉的老朋友見面。但我已經成為學者，還是希
望繼續跟全世界對話，所以還是哈佛最方便。我小時候彈
鋼琴，最近我的妻子建議我重新開始彈，但我不想，還是
與別人見面交流更快樂。在哈佛，去開會也只是幾分鐘的
路程，非常方便。

加藤： 所以您還是選擇工作，不休息。您比日本人更加工作狂。

傅高義： 哈哈。跟人聊天也很快樂。這裏確實很方便，好的飯店有
很多，看電影等文化方面也很豐富，所以我變成哈佛的鄰

居。在這裏，我很多的學生，包括二三十年前教過的學生也經常回來探望我，我跟他們交流是最舒服的。你説得對，我還是工作狂，這個恐怕改不了吧。

我最大的心願

加藤：　作為一個美國人、學者、東亞問題專家，您最大的心願是什麼？有沒有實現呢？您對自己的工作有多滿意呢？

傅高義：　我現在很滿意自己的生活。我跟妻子的關係很好，與這麼多有共同興趣的人，包括各國的年輕人和以前的學生等見面交流，我很滿足。現在吃得好，住得好。

我的另外一個夢想是讓中國、美國、日本建立良好的關係，令國與國之間彼此了解，這個夢想還沒有實現。我希望這幾個國家做得更好，能達到我的期望。我知道您對我的工作是尊重和佩服的，但我認為美國學術界對我的工作不夠肯定！例如費正清和賴肖爾都有自己名下的研究所，我還沒有。當然，我與學術界同行的關係是不錯的，和四五十歲的教授們也相處得很好。另外，亞洲研究協會（Association of Asian Studies）每年都會選出一位對亞洲事務有貢獻的人，但我還是落選了。其實，這些話一般只會跟我的太太説，但我和你的關係密切，所以我跟你講。總之，我仍然希望自己能繼續為中美日三個國家建立良好關係做一些貢獻，也盡力培養年輕人。

我還有一個夢想，就是支持和幫助我的小鎮，還有我本科畢業的大學。名氣不夠的大學往往欠缺資源、也難以突圍。因為大學需要的金錢太多了，對於普通學生而言，考不進一流大學就要去州立大學，州立大學的壓力就很大。我希望母校能夠繼續維持下去。於是，我父母去世的時候，我們把一筆錢捐給我的母校，後來為了紀念我的父母，學校每年都會舉辦一個「Vogel 講座」（筆者註：Vogel

為傅高義及他父母的姓），我也每年回去參加活動，與地方的人一起討論歷史，這樣很好。我把《鄧小平時代》在中國大陸的收入──100萬美金全部捐給我的母校，他們也很高興。

我也每年前往日本，繼續和一些老朋友聊天，也有二三十個人會來與我見面交流。好像我之前的學生 Joseph Schmelzeis，他是一個非常好的人，我和他之間保持聯絡。他現在在美國駐日大使館工作，是 Bill Hagerty 大使的得力助手，職位是參謀長，他和大使是三十年的朋友，大使不懂日本，所以需要 Schmelzeis。還有理查・戴克（Richard Dyck），他是我最好的學生，1975年取得博士學位，本田公司在俄亥俄州設立工廠時，他是聯絡人。因為他得到博士學位後，到俄亥俄大學當了教授，當時俄亥俄州州長需要吸引外國公司到當地做生意，他就扮演了聯絡人的角色。後來，他加入了位於麻省的一家製造半導體機器的企業，Teradyne。當時該公司的負責人到哈佛跟我商量，說他們想與日本企業合作，有沒有合適的人選推薦給他們，他們一開始希望我介紹在哈佛念過書的日本人，但我後來給他們推薦了 Richard Dyck。他剛進公司的時候，員工只有十多個，後來他做得非常成功，員工數量也擴大到三百多人，與日本企業的關係也是由他建立起來的。他的妻子是來自福岡的日本人，所以他一直都住在日本。我每年去日本，也是由他負責組織見面會。明年出版的中日關係的新書，其中一個章節是我們合寫的，他一方面是學者，另一方面也是很能幹的企業家，他已經70歲了，是眾多學生中和我關係最好的一位。

加藤：　這個中文叫得意門生吧？

傅高義：對。他也常常到這裏來，他對我太好了。我和他合寫的那一章是關於辛亥革命到二戰期間的日本情況。他也研究過中日關係，他是一個了不起的人，當時領導 Teradyne 公

司，因為很想了解中國的情況，所以想辦法在上海那邊開辦了一家公司，有三十多名員工。他在上海有一間房子，也學了一點中文。他的日文跟日本人沒兩樣，比我好得多。總之，和這些能幹的人保持聯絡，也是我的夢想。

加藤： 您這些以學者身份給華盛頓白宮、政府等建言獻策，也當過官員，但更重要的是您在哈佛大學培養了一批從事中美日關係的人才，在我看來，這是您為「我們」作出的最大貢獻。您也提到，學術界對您和您的工作不夠重視。

傅高義：哈哈，我指的是美國人。日本人和中國人的重視已經夠了。但美國的學術界，雖然有一些人認為我的書寫得很好，但總有一些人是嫉妒的。我平時是不會表達這些心裏話的，但你準備得這麼充分，提問得這麼直率，我也應該坦率地表達我內心的感受和看法，畢竟我也是人，也有情緒的。

索引

人名（政治人物／學者）

1. **塔爾科特・帕森斯**（Talcott Parsons, 1902–79）/ 頁 **3**

   美國社會學家、哈佛大學教授。他是二戰後美國社會學的重要理論奠定者，也是二十世紀中期頗負盛名的結構功能論的代表人物。傅高義在哈佛攻讀博士學位期間，亦師從帕森斯，深受其理論影響。代表作有《社會行動的結構》、《社會系統》、《關於行動的一般理論》等。

2. **基辛格博士**（Dr. Henry Kissinger，1923–）/ 頁 **14**

   基辛格出生於德國猶太人家庭。1938 年，為了逃避納粹希特勒迫害而移居到美國紐約市，1943 年成為美國公民。基辛格畢業於哈佛大學，獲得博士學位後留校任教。他是傑出的國際政治學者，其「權力平衡論」（balance of power）具有政策影響力。理查・尼克森擔任總統，並以國家安全事務助理和國務卿身份在美國對外政策上發揮了重要作用。比如，1971 年，基辛格「秘密」訪問中國，與時任國務院總理周恩來進行了會談，為美中建交奠定了戰略性基礎，推動了中國的改革開放。基辛格離職後繼續在美中官方對話和民間外交上發揮政策影響力，被中國共產黨正式稱為「中國人民的老朋友」。基辛格於 1973 年獲得諾貝爾和平獎，著作有《大外交》（*Diplomacy*）、《論中國》（*On China*）、《世界秩序》（*World Order*）等。

3. **費正清**（John King Fairbank, 1907–91）/ 頁 **28**

   美國漢學家、歷史學家、哈佛大學教授。他是哈佛大學東亞研究中心創始人，費正清中國研究中心首任所長（1955–73）。1931 年，為了撰寫博士論文遠赴中國調查進修、考察海關貿易，在華北協和華語學校學習中文，直至 1935 年離開。在取得牛津大學哲學博士學位後，於

1936 年回哈佛歷史系任教，並從 1939 年開始，與賴肖爾一起開設東亞文明課程。1972 年，中美關係因「尼克森訪華」而得到改善後，他應周恩來的邀請，自 1949 年後首次重訪中國。除了學術生涯外，他在太平洋戰爭期間，曾在華盛頓的美國情報協調局及重慶的美國總領館工作。代表作有《美國與中國》、《偉大的中國革命》、《費正清論中國——中國新史》等。

4.　**周恩來（1898–1976）/ 頁 35**

中國政治家，江蘇淮安人，新中國成立後長期擔任國務院總理，全面負責政務工作，與毛澤東攜手推動了新中國的發展，於 1976 年 1 月逝世。他也是首任外交部部長，作為外交家，他致力於和蘇聯、日本、美國等國家建立外交關係，並曾與史大林、尼克森、田中角榮等人進行談判。在「文化大革命」期間，曾被毛澤東和「四人幫」批判其「右傾傾向」。然而，作為一個具有留日、法等經驗的開明派，他在支持和擁護毛澤東的前提下，警惕「極左」傾向，巧妙地處理了與毛澤東的關係，得以安然生活。中國在「文革」這一內政處於混亂期間，推動了與美、日之間的關係，這與周恩來的世界觀、發展觀，以及其卓越的政治能力密不可分。他曾在天津南開學校（後來的南開大學）學習，期間認識了他一生的革命伴侶、妻子以及政治家鄧穎超。

5.　**美國前駐華大使芮效儉（Ambassador Stapleton Roy，1935–）/ 頁 39**

芮效儉出生於南京，其父芮陶庵任教於金陵大學。1950 年，芮隨父回到美國，先後就讀於賓夕法尼亞大學和普林斯頓大學，1956 年畢業後，加入美國國務院工作。作為職業外交官，芮效儉長期從事亞洲事務，曾在北京、台北、香港、俄羅斯、泰國等地方工作，1984 年調任駐新加坡大使、91 年為駐華大使、95 年擔任駐印尼大使，99 年升任國務院助理國務卿，並於 2001 年退休。芮效儉也是美國伍德羅・威爾遜中心基辛格中美關係研究所的（Wilson Center's Kissinger Institute on China and the United States）創辦主任。

6.　**任仲夷**（1914–2005）**/ 頁 52**

中國政治家，河北邢台威縣西小莊人，在改革開放初期擔任中共遼寧省委第一書記（1978–1980）、廣東省委第一書記（1980–1985）。他在廣東擔任第一把手期間，廣東的「先行一步」對鄧小平所率領的中國改革開放，發揮了重要的作用，這被視為他一生最大的政績。在文革結束後的真理標準討論中，他率先反對「兩個凡是」。晚年之時，他也在公共討論中積極發表意見。他的孫兒任意（筆名「兔主席」）在哈佛大學學習期間，曾擔任傅高義教授的助理，回國後在傳統媒體和社交媒體等平台上，就中國發展、年輕人動態、中美關係等方面積極發表言論，以「古今中西」貫通的角度評論美國動態，介紹中國國情。其「紅三代」的身分備受關注。

7.　**大平正芳**（Masayoshi Ohira, 1910–80）**/ 頁 55**

日本政治家，香川縣出身，第 68、69 代內閣總理大臣（1978–1980）。曾擔任大藏大臣、外務大臣、通商產業大臣、內閣官房長官等內閣重要職務。一橋大學畢業後，他先進入大藏省（後來的財務省）當官僚。1952 年，他擔任池田勇人大藏大臣（後來當首相）的秘書官，及後在池田的推薦之下，轉為競選眾議院選舉，當選後開始參政。1972 年，他作為田中角榮內閣的外相，致力於實現日本與中華人民共和國之間邦交正常化。他被稱為戰後少見的「知性派政治家」。同時亦是基督徒，過往在處理日美關係時，信仰發揮了一些作用。

8.　**中曾根康弘**（Yasuhiro Nakasone, 1918–2019）**/ 頁 55**

日本政治家，群馬縣出身，第 71–73 代內閣總理大臣（1982–1987）。曾擔任通商產業大臣、防衛廳長官、科學技術廳長官等內閣重要職務。在太平洋戰爭期間，擔任海軍參戰，他後來承認「那是一場不該做的，錯誤的戰爭」。日本社會普遍認為他是日本戰後最具國家戰略觀的政治家之一，他主張修改憲法，亦讓社會認識到國防、科技、教育這些對國家長期發展的重要性。他在出任首相時，實現了國鐵民營化，在日美貿易摩擦不斷升級的情況下，他與朗奴列根總統的「親密關係」發揮了作用，令日美關係得以改善。1985 年 8 月 15 日，他第一次以首相身分正式參拜靖國神社，但眼見他的中國夥伴胡耀邦因此在國內陷入困局後，他決定不再參拜。

9. **賴肖爾**（Edwin Oldfather Reischaur, 1910–90）/ 頁 55

美國歷史學家、日本問題專家、哈佛大學教授。1961 年，他獲甘迺迪總統委任為美國駐日本大使，一直至 1966 年。期後，他擔任哈佛大學賴肖爾日本研究所首任所長（1974–1981）。他在東京一個美國赴日的傳教士家庭出生。1939 年，他藉着對日本天台宗三祖圓仁法師所著的佛教史傳《入唐求法巡禮行記》的研究，取得哈佛大學哲學博士學位，其後在哈佛任教。費正清與賴肖爾可以說是哈佛大學東亞研究的開創者。他於 1943 至 1945 年進入美國陸軍部工作，負責解讀日本電訊密碼。二戰後重回哈佛任教，並開設了日本語言和歷史課程。妻子松方ハル（Haru Matsukata Reischauer）是日本明治時期首相松方正義的孫女。著作有 *My Life Between Japan and America*、*The Japanese*，並與費正清合著出版《東亞文明：傳統與變革》。

10. **田中角榮**（Kakuei Tanaka, 1918–93）/ 頁 56

日本政治家，新瀉縣出身，第 64、65 代內閣總理大臣（1972–1974）。曾擔任通商產業大臣、大藏大臣、郵政大臣等內閣重要職務。他被譽為「天才政治家」，可以說是日本戰後政治史上的奇跡人物，以操作派閥和金錢的方式影響政局，率領了自民黨最大派閥「田中派」。他是日本戰後學歷最低的首相（初中畢業）。1972 年，他以首相身份前往北京，與周恩來談判和訪問毛澤東，最終實現了日中邦交正常化。他任首相前所主張的「日本列島改造論」，推動了基礎設施的發展，為日本的戰後奇跡作出貢獻，但也引申了通脹、產能過剩、經濟泡沫等問題。他退任首相後，在 1976 年 2 月因美國洛克希德公司行賄案被捕，8 月獲保釋。直至 1990 年，他退出政界，但作為日本政界的「闇將軍」，他一直發揮着影響力。

11. **費孝通**（1910–2005）/ 頁 193

中國社會學家、人類學家，江蘇吳江人。1933 年畢業於燕京大學，獲社會學學士學位。曾擔任西南聯大、清華、北京大學教授，及中國社會科學院社會學研究所所長等職務。除了學術發展外，他也是第七、八屆全國人民代表大會常務委員會副委員長、第六屆中國人民政治協商會議全國委員會副主席，可視他為學術型政治家，或具有政治權力

的知識份子。代表作有《鄉土中國》、《江村經濟》等。他是海外最著名的中國社會學家之一，曾獲英國倫敦大學經濟政治學院授予榮譽院士稱號，美國紐約獲大英百科全書獎，日本福岡獲福岡亞洲文化獎等。

事件

1. **朝鮮戰爭 / 頁 7**

   朝鮮民主主義人民共和國政權與大韓民國政權在朝鮮半島發生的一場戰爭。普遍認為戰爭的起點是朝鮮人民軍在 1950 年 6 月 25 日以反擊侵略為由，越過三八線進攻韓國。美國隨後通過聯合國介入戰爭，應援韓國。當聯合國軍越過三八線後，中國出兵介入戰爭，應援朝鮮。1953 年 7 月 27 日，中國人民志願軍、朝鮮人民軍、聯合國軍在板門店簽署朝鮮停戰協定。朝鮮戰爭是以東西意識形態對立為特徵的冷戰爆發導火線之一，也是冷戰的後遺症。南北雙方至今仍沒有簽署和平協定，一直處於軍事對峙的狀態。在這層意義上，朝鮮戰爭仍未結束，換而言之，只有南北之間在國際社會的監督和支援下，簽署和平協定，建立新的關係，冷戰才會真正走向終結。

2. **奈良時代 / 頁 14**

   日本歷史上的一段時期，始於 710 年元明天皇將都城遷至平城京（奈良），終於 794 年桓武天皇將都城遷至平安京（京都）。在該時期，日本致力於借助佛教來達到鎮護國家的效果，佛教在國家的保護下興起，天平文化在這時期蓬勃發展。就與中國的關係而言，政府積極派遣使者到唐朝學習中國的制度、文化、城市規劃等。阿倍仲麻呂（696–770）是代表人物，作為「遣唐使」的阿倍通過科舉考試成為高官被唐朝重用，在中國離世。由於那段時期日中的人文交往，主要集中在奈良時代的起點和終點——奈良和京都，故現今仍然可以看到一些中國古代的文化影子。759 年，唐代的律宗開組鑑真和尚（688–763）在奈良創建了唐招提寺，普及戒律。新中國成立後，時任國家副主席鄧小平（1978 年）、首相趙紫陽（1980 年）以及胡錦濤國家主席（2008 年）訪問奈良時，曾參觀唐招提寺。

3. **「國有化」事件 / 頁 23**

2012 年 9 月，因日本政府以 20.5 億日元向一名民間人士購買尖閣諸島，而引起中國政府的強烈不滿和抗議。隨後，中國有超過一百處城市爆發了「反日遊行」。日本政府的主張，是為了更有把握地管理海域，穩定對華關係，中國政府卻認為這是「改變現狀」的國有化行為，事件發生後，明顯增加了對該海域的擴張性行為。根據日本海上保安廳的統計，2012 年，中國公務船進入該島嶼連接水域 428 次，侵犯領海 73 次，2013 年則分別達到 819 次和 188 次。是之事件正好遇上中國共產黨領導層權力交接時期，因此中方對此事的反應和處理方式就變得更加敏感，也影響了日中關係的基本穩定和相互信任。對於亞太地區最大盟國和最大交易夥伴之間的衝突，美國的態度是呼籲雙方保持克制，避免影響兩國關係的大局和地區穩定。

4. **甲午戰爭 / 頁 25**

日本稱為日清戰爭，國際上通稱第一次中日戰爭（First Sino-Japanese War）。是大清和日本在朝鮮半島、遼東、山東半島及黃海等地進行的一場戰爭。是次戰爭於 1894 年爆發，大清帝國戰敗，並於 1895 年 4 月 17 日和日本簽訂《馬關條約》（日本稱《下關條約》），日方全權代表為伊藤博文、陸奧宗光，而中方全權代表為李鴻章、李經方。該條約規定清朝割讓台灣、澎湖、遼東半島予日本；中國支付日本賠款 2 億兩白銀；中國確認朝鮮國為獨立自主國家等。打敗清朝使日本建立和提升了作為亞洲現代化國家的地位，以及為接下來的工業化進程奠定了基礎，長遠而言，也促進了日本後來對外擴張領土的野心。

5. **越南戰爭 / 頁 35**

始於 1955 年，是受中華人民共和國及蘇聯等共產主義國家支持的北越（越南民主共和國），與受美國等資本主義陣營國家支持的南越（越南共和國）之間的一場戰爭。最終北越於 1975 年佔領南越首都西貢，南越政權垮台，一年後南北統一為越南社會主義共和國。作為冷戰的象徵，越戰對隨後的國際局勢產生了深遠的影響。投入了最多人數（美軍的死亡人數在戰爭中和戰後佔最多，為 58,220 人）的美國遭受巨大損失，政府在國內喪失了公信力，在國際上削弱了影響力。相反，蘇

聯通過越戰在冷戰格局中佔據了一些優勢。另外，越戰的結果使越南成為一個社會主義國家，這一史實也為後冷戰時代的意識形態競爭，包括以美中為主的大國關係留下一些影響。

6. 「平成維新」/ 頁 62

「平成維新」應該說是一個虛擬概念，因為它既不是官方使用的概念，也不是被社會普遍認可或流行的詞彙。它更偏向於一些日本人，包括政治家、知識份子的主觀願望或目標。平成時代持續了三十年 (1989–2019)，對於日本來說，這三十年正好是泡沫經濟崩潰後陷入低迷的時期，尤其與戰後實現了高速經濟增長的昭和時代 (1926–1989) 相比，往往也被稱為「失落的三十年」(lost three decades)。在此情況下，日本一些人士渴望日本重新回到世界的舞台中心，並能夠取得驚人的發展。在日本國民和國際社會眼中，最為著名的，使日本打開國門、走向世界的是「明治維新」，而「平成維新」正是借用了前者的概念，代表着一些日本人渴望平成成為像明治維新時期那樣充滿向心力的時代。

7. 明治維新 / 頁 62

日本在明治時代 (1868–1912) 初期進行的各種轉型和改革的總稱。從對江戶幕府的倒幕運動開始，完成了親天皇體制的轉換。1853 年，美國「黑船」的來臨促使日本打開國門之旅。「文明開化」、「富國強兵」等成為維新期間的方針和口號。改革涉及到教育、土地、身分、徵兵、產業、宗教、法律等各方面。明治政府以修改不平等條約和吸收西方制度文化的角度，派遣「岩倉使節團」到歐美國家，成員包括岩倉具視、大久保利通、木戶孝允、伊藤博文等明治時代的代表性人物。雖然未能成功修改條約，但積極吸收了西洋文明的先進制度。對明治政府來說，追趕歐美是一個很重要的目標，在這層意義上，日本通過近代史最大的「改革開放」措施來提高國力，在此過程中也增加了對外野心，包括領土擴張，對後來的日清戰爭、日俄戰爭、滿洲事變、日中戰爭，以及太平洋戰爭時期的軍事戰略和行動帶來了深遠的影響。

8. **「和平憲法」/ 頁 62**

正式名稱為《日本國憲法》。於第二次世界大戰後，1946 年 11 月公佈，1947 年 5 月施行，以「日本民主變革的基本原理」為宗旨，並由佔領戰後日本的美國主導起草和推動成立過程，以日本的「非軍事化」和「民主化」為基本目標。該憲法的起草和成立過程與日本在二戰期間的行為和結果密不可分。日本國憲法的三個原則是（1）主權在民、（2）基本人權的尊重、（3）和平主義。之所以稱為「和平憲法」，是因為該憲法明確提出日本放棄戰爭和戰力，否認交戰權（第九條），換而言之，戰後日本在憲法層面放棄保持軍事力量的權利，因此戰後日本只有自衛隊。該憲法的成立和堅持，為日本戰後的發展路線奠定了根本性的基礎。雖然以自民黨和保守派知識份子為主，日本國內始終有主張通過修改憲法，從而擁有正常軍力的勢力，但至今並未成功。根據 2020 年 5 月 NHK 電視台的輿論調查，認為有必要修改憲法第九條的佔 26%，認為不必要的佔 37%。根據日本國憲法，修改憲法需要得到國會眾參兩院三分之二以上的同意，然後國民投票（公投）過半數才能通過。

9. **《日美安保條約》/ 頁 64**

從維護日美兩國的安全角度出發，於 1960 年在華盛頓簽署的雙邊軍事條約。簽署的過程中，在日本引起了軒然大波，遭受眾多國民反對和抗議，導致著名的 60 年安保鬥爭事件的發生。條約中尤為重要的內容是美國為不具備軍力的日本提供軍事保護，為此，日本為美軍提供駐留基地及相關的費用。該條約往往被解讀為美國單方面保護日本，但日本政府從來都是否定這一點，認為條約規定和包含的權利及義務是雙向的，美國可以通過駐日美軍向亞太及全球展開軍事佈局，為保護本國安全發揮了不可或缺的作用。2019 年，日本政府對駐日美軍經費通過的預算為 1,974 億日元。根據 2004 年美國國防部發表的各國美軍駐留經費負擔比率，日本最大，有 74.5%；韓國為 40%；德國為 32.6%。該條約在日本國內政治上始終飽受爭議，特別是自由派知識份子、進步派政治家等人士，認為日本為美軍提供的基地和經費太多，應該多讓美方負擔。另外，該條約還牽涉到「沖繩問題」。70% 以上的駐日美軍基地，至今集中在沖繩縣這一佔日本國土面積 0.8% 的地方，引致沖繩縣縣民感到不滿，主張應該逐步縮小基地規模。但不可

否認的是，不少沖繩縣縣民借助美軍基地來餬口，因此形勢和輿論變得格外複雜。

10. **一帶一路 / 頁 65**

「絲綢之路經濟帶」和「21 世紀海上絲綢之路」的簡稱，於 2013 年 9 月和 10 月由習近平分別提出，同年 11 月，中共十八屆三中全會把「一帶一路」升級為國家戰略。2015 年 2 月，由國務院常務副總理張高麗領導的推進「一帶一路」建設工作領導小組正式成立。同年 3 月，國務院授權國家發改委、外交部、商務部等三部委聯合發佈《推動共建絲綢之路經濟帶和 21 世紀海上絲綢之路的願景與行動》白皮書。「一帶一路」的範圍據說涵蓋歷史上絲綢之路和海上絲綢之路行經的中國大陸、中亞、北亞和西亞、印度洋沿岸、地中海沿岸、南美洲、大西洋地區的國家。不過，其涵蓋的地理範圍和參與倡議的國家範圍，至今仍存在一定的彈性或「曖昧性」。例如，中國政府積極邀請日本參與「一帶一路」，中方的態度似乎是對所有感興趣的國家和企業保持開放的態度，但日本是否屬於一帶一路的沿線國家，是存有爭議的，而且其「戰略曖昧性」也讓歐美、日本等國家及企業，存有懷疑。例如：中國推行該倡議的真正目的和動機是什麼？真的如中國宣傳那樣，僅限於經貿往來、基礎設施等非政治領域嗎？中共會否以經濟合作的名義換取政治利益？一帶一路與絲路基金、亞洲基礎設施投資銀行等其他機制的關係是什麼？總之，雖然中共在習近平領導的新時代下，把「一帶一路」提升到國家戰略的高度，但對於中外、中西交流和合作究竟起了多大程度，以及有哪些具體作用，仍然有待觀察和總結，國際社會對一帶一路及其背後的戰略意圖也有待進一步的了解。

11. **泡沫經濟崩潰 / 頁 94**

於 1990 年代初爆發，日本泡沫經濟崩潰，市道急速下滑的一些列事件之總稱。在 1980 年代後半期，市場因過度信用膨脹而導致樓市、股市等異常上漲，隨後短期內暴跌，給後來的日本經濟留下了痕跡。泡沫崩潰發生在昭和時代至平成時代的過渡時期，標誌着從 1973 年 12 月起日本經濟穩定增長後，便陷入了被稱為「失去了三十年」的低迷期。泡沫經濟崩潰正好也發生在冷戰解體的時候，對日本在後冷戰時代的身分認同及國際關係中的地位，都產生了深遠的影響。日本因泡沫崩

潰所損失的資產為 1,400 兆日元（僅限於樓市和股市）；1992 年 8 月，東京證券交易所的市值從 1989 年末的 611 兆日元下降到 269 兆日元；因泡沫崩潰而發生的不良債權達到 200 兆日元。

12. **廣場協議／頁 94**

1985 年 9 月 22 日，美國、日本、英國、法國及西德等五個國家的財政部長和央行行長，於美國紐約的廣場飯店會晤後簽署了廣場協議。目的在於聯合干預外匯市場，下調美元對日元及德國馬克等主要貨幣，以解決美國巨額貿易赤字。該協議簽署後不到三個月的時間，日元兌美元迅速升值 20%。協定簽署前，一美元為 250 日元左右，到了 1988 年則升值到 120 日元。對於出口導向性的日本經濟來說，其打擊巨大。有分析認為，在日美貿易摩擦不斷升級的情況下，簽署廣場協議是導致日本泡沫經濟崩潰的導火線之一。如今美中之間發生激烈的貿易摩擦，令當年美國的政策和日本慘痛的經驗再次受到關注。中國的一些決策者和知識份子也試圖從中吸取教訓，以便合理應對中美貿易戰。

13. **「反日遊行」／頁 112**

在中國國內發生，以反對和抗議日本為理由的示威遊行。2005 年，在小泉純一郎首相執政時期，北京、上海等地方發生了高舉「反對參拜靖國神社」、「反對歪曲歷史的右翼教科書」、「反對日本加入聯合國常任理事國」等口號和橫幅的示威遊行。2012 年以「國有化」事件為導火線，超過一百座以上的中國城市也發生了示威遊行。「反日遊行」這一概念或現象，近年來也存在一些微妙的爭議。例如，一些人質疑，在中國共產黨的統治及一般不允許大規模集會的國情下，為什麼會發生規模達到幾萬人、上百座城市的示威遊行？中共是否只允許能夠轉移國民對現狀的不滿情緒的、有可利用的假想敵活動？而在日本，從政治家到知識份子，再到一般民眾，大家都認為那些反日遊行，實際上有官方背景，當中還包含一些權力鬥爭的因素，因為如果中共（的一些勢力）不允許或不支持，那樣大規模的集會是不可能發生的。日本人同時認為，在近年反日遊行不時發生的背後，有着從「天安門事件」以來被強化的愛國主義教育的影響。

14. **「薄熙來事件」/ 頁 115**

在薄熙來擔任重慶市委書記期間發生,與他的野心、政策、作風等相關的一系列事件的總稱。薄在重慶大力開展「打黑唱紅」,用毛澤東、文化大革命時代的基調,向市民展開意識形態的運動,後來有知識份子把薄在重慶所做的事情,描述並抬高為「重慶模式」。當時的重慶動態引起了中央的警惕和擔憂,隨着政局邁向 2012 年黨的十八大,即薄試圖進入中央政治局常委班子的時刻,事態逐步發展成權力鬥爭和路線鬥爭的色彩。在此情況下,2012 年 2 月,時任重慶市副市長、公安廳廳長王立軍試圖流亡美國,而進入美國駐成都總領館,王的做法據說是薄熙來和其妻子薄谷開來與一名英國商人的命案有關。在同年 3 月的兩會上,總理溫家寶主張,「多年來,重慶市歷屆政府和廣大人民群眾,為改革建設事業付出了很大的努力,也取得了明顯的成績。但是,現任重慶市委和市政府必須反思,並認真從王立軍事件中吸取教訓。」隨後,薄因涉嫌違紀被立案調查,隨後移到司法程式,法庭對薄以受賄罪、貪污罪、濫用職權罪依法判處刑罰,數罪並罰,決定執行無期徒刑,剝奪政治權利終身。「薄熙來事件」不僅是薄本人或他在重慶執政期間的政策,事件還涉及到中共如何處理在黨內的權力鬥爭和路線鬥爭,關乎中國的政治穩定、經濟發展和未來走向。

15. **「紅二代」/ 頁 133**

一般指中共元勳的後代,也有「高幹子弟」、「革命後代」、「太子黨」等說法,意指在中國共產黨確立政權及建立新中國的過程中,發揮作用的主要革命分子的子女。典型的紅二代包括:劉少奇之子劉源;陳毅之子陳昊蘇;葉劍英之子葉選平;鄧小平之女鄧楠;李鵬之女李小琳;李先念之女李小林;胡耀邦之子胡德平;習仲勳之子習近平;薄一波之子薄熙來等。中國共產黨從革命黨向執政黨轉變的過程中,紅二代仍在其統治中,發揮着獨特的作用。例如,薄熙來在重慶擔任市委書記期間,為了獲得進入常委的位置而大力開展的「打黑唱紅」政治運動,其手法和出發點是否與薄本人作為紅二代的身分有關,是值得研究的。習近平擔任總書記後,在王岐山的配合下大力推廣反腐敗鬥爭,行動之所以能夠如此大面積、大規模地展開,並獲得其他紅二代的支持,大概與他同屬紅二代的背景有關。至於大多數紅二代退出

政治中心的舞台後，「紅三代」在中共政治中能發揮怎樣的作用，仍存在較大的變數，有待觀察。

其他

1. **「極左」/ 頁 22**

在文化大革命期間，極左口號鋪天蓋地，廣為流傳的口號包括「造反有理」；「階級鬥爭一抓就靈」；「知識越多越反動」；「狠鬥私字一閃念」；「老子英雄兒好漢，老子反動兒混蛋」；「打倒資本主義道路的當權派」；「誰反對毛主席就砸爛誰的狗頭」；「高貴者最愚蠢，卑賤者最聰明」；「三忠於，四無限」；「階級敵人不投降就叫他滅亡」；「坦白從寬抗拒從嚴」；「靈魂深處爆發革命」；「腳上一隻腳，叫他永世不得翻身」等。

2. **胡鞍鋼的言論 / 頁 67**

代表性言論為「全面超美論」。清華大學國情研究院院長胡鞍鋼在2017 年 6 月發佈的一份研究報告中，主張「中國已進入全面趕超、主體超越美國的時期，綜合國力世界第一」，後引起爭議，以至清華大學校友聯名要求校長解除胡鞍鋼的職務，因為其言論「上誤國家決策，下惑黎民百姓，遠引他國戒心，近發鄰居恐懼，堪稱誤國誤民」。該報告稱，中國在經濟實力（2013 年）、科技實力（2015 年）、綜合國力（2012 年）上，已經超越美國。到 2016 年，這三大實力分別相當於美國的 1.15 倍、1.31 倍和 1.36 倍，居世界第一。後來，他在回應爭議的過程中，仍堅持原有的結論和觀點，2018 年 4 月，他在「中國區域經濟 50 人論壇 2018 年會」上向記者說：「學術研究要嚴謹，自說自話不行，因為我們畢竟是專家。學術研究要用學術的形式對話。我們的說法用了專業知識產權資料庫做論證」。

3. **「對待伊拉克和敍利亞等地的方式也做錯了」/ 頁 69**

美國政府投入大量公共資金，派遣軍隊以攻擊、佔領等形式，即通過軍事手段來解決中東問題，消除恐怖主義對美國安全的威脅。不過，在傅高義看來，這不僅未能維護美國國家安全和利益，反而加劇了恐

怖主義對美國的威脅程度，降低了美國在國際社會上的公信力，認為
美國堅決不應使用軍事、戰爭的手段來解決包括阿拉伯、中東在內的
任何問題。

4. 「小日本主義」/ 頁 79

1910 至 20 年代，日本經濟雜誌《東洋經濟新報》的石橋湛山（1884–
1973；著名媒體人、第 55 代內閣總理大臣）等人士所主張的外交思想，
用以批判當時成為主流思想和輿論的「大日本主義」。與大日本主義
以軍國主義、專制主義、國家主義為思想根基相比，小日本主義把產
業主義、自由主義、個人主義為基調，而政治、經濟意義上的自由主
義，更是小日本主義的核心思想。石橋等認為，日本對滿洲、朝鮮半
島等軍事擴張和殖民政策，從經濟利益角度來說並不合理，甚至毫無
價值，若要發展國力，應該着重資本，而非領土，主張日本應該放棄
殖民地。不過，後來的歷史證明，石橋湛山的小日本主義始終沒有成
為日本的主流思想，也未能阻止日本進行對外擴張、殖民統治、侵略
等行為。日本戰敗，進入戰後時期後，從官方到民間，有不少日本國
民，特別是信奉和平主義的人士認為，戰前石橋等人主張的「小日本
主義」，是客觀評價日本綜合國力和戰略抉擇的思想，從而給予較高的
評價，並從中吸取教訓。

5. 「戈爾巴喬夫現象」/ 頁 85

習近平開始執政後，視蘇聯解體、蘇共亡黨的歷史為深刻的歷史教
訓，特別是戈爾巴喬夫快速推進「自由化」的舉措。從鄧小平到習近
平，中共高層和領導人較統一地認為蘇聯解體、蘇共亡黨的最根本原
因，在於黨的方針及意識形態陷入了動搖和分裂，從而警告自己千萬
不要「犯蘇共犯的歷史性錯誤」。習近平當總書記不久，於 2013 年 1
月 5 日，在新進中央委員會的委員、候補委員學習貫徹黨的十八大精
神研討班上講話，指出「蘇聯為什麼解體？蘇共為什麼垮台？一個重
要原因就是意識形態領域的鬥爭十分激烈，全面否定蘇聯歷史、蘇共
歷史，否定列寧，否定史大林，搞歷史虛無主義，思想搞亂了，各級
黨組織幾乎沒任何作用了，軍隊都不在黨的領導之下了。最後，蘇聯
共產黨偌大一個黨就作鳥獸散了，蘇聯偌大一個社會主義國家就分崩

離析了。這是前車之鑒啊！」進入習近平新時代後，中共高層進一步擔憂和警惕鬆解意識形態管控可能帶來的自由化傾向，從而威脅黨的權威性和穩定性。從中不難看出，中共在習近平執政期間不太可能放鬆意識形態管控，很大概率會持續對言論、新聞、教育、公民社會，以及中外之間的思想交流進行嚴格的管制，甚至打壓。

6. **《301 條款》/ 頁 99**

美國 1974 年貿易法第 301 條，簡稱《301 條款》。美國政府為平衡進出口貿易的順逆差，透過美國國會立法授權美國總統實施保護措施，由美國貿易代表辦公室（USTR）來負責具體調查、分析等，最終由總統來發動。其目的是避免國內產業受到國外競爭壓力所影響，有關的經濟政策包括對進口產品設定高關稅、限制或減少進口配額等。在日美貿易摩擦激烈的 1980 年代，雷根政府較常使用該條例，但自 1995 年世界貿易組織（WTO）成立後，鼓勵以國際協調為主，強調自由、公正的貿易體系，反對一些國家單方面地實施制裁，因此引用此條例亦逐漸減少。2018 年 3 月，美國總統特朗普根據 301 條款，對中國實施單方面徵收關稅的貿易制裁，遭遇中方強烈反對和抗議，展開了美中貿易戰。

7. **南海問題 / 頁 101**

是有關南海主權歸屬的一系列問題，過去數十年，越南和菲律賓對南海島嶼進行建設，越南對 21 個島、菲律賓對 8 個島主張主權。中國則在近年對南海島嶼較為快速地進行人工島、軍事、民用設施等建設，中國的舉措不僅引起越南、菲律賓的反對，還引發美國對該地區、海域的關切。美國從維護航行自由及國際法等角度，反對中國的行為，並聯合日本等盟國向越南、菲律賓給予援助和支持。如此看來，如今南海問題不僅是對該地區主張主權的當事國之間的領土爭端，而是牽涉到以美中兩大國為主的勢力範圍、地緣政治之爭。中國主張南海問題應由當事國之間處理解決，美國等域外國家不應介入和干涉。早已成為美中兩國在亞太地區競爭之地的南海問題，也必然會影響東海、台海等相關海洋、領土，甚至主權歸屬的問題，充滿複雜性和敏感性，對該地區的和平與穩定蒙上切實的陰影。

8. 「北京共識」（The Beijing Consensus）/ 頁 114

相對於「華盛頓共識」的概念，雖然沒有嚴格、明確、學理上的定義，一般而言，是指在中國共產黨的威權主義體制下，以政治穩定為優先，由政府來掌控資源，發揮體制優勢主導經濟發展的模式，經常與「中國模式」並列在一起，有別於重視市場化、自由化，及警惕政府對市場干預行為的「華盛頓共識」。2004 年，美國的中國問題專家約書亞・庫珀・拉莫（Joshua Cooper Ramo）發表了一篇名為「北京共識」（The Beijing Consensus）的論文。隨後，「北京共識」曾一度被某部分人士認為是發展中國家的成功模式，但同時加劇了國際社會對「中國威脅論」的警惕，加深了中國與西方國家之間對於發展模式、政治體制、意識形態上的競爭或對立。

9. 《台灣旅行法》/ 頁 148

於 2018 年 2 月 28 日在美國國會通過，然後在 3 月 16 日由特朗普總統簽字的法律 。其宗旨為促進美國和台灣之間政府高官的相互往來。台灣當局對此表示歡迎，北京當局則從違背美國與中華民國斷交、與中華人民共和國建交時承諾過的「一個中國」和美中三個聯合公報的原則，表示強烈的反對和抗議。至於美國政府如何應用這條法律來處理與台灣的關係，至今仍存在一些變數，但至少肯定的是，這條法律的通過，為美中關係的穩定和發展蒙上了陰影，畢竟台灣問題涉及到中國的核心利益，在北京當局看來，台灣問題屬於最敏感、最無法妥協的領域。

10. 「九二共識」/ 頁 148

中華人民共和國政府（北京政府）和中華民國政府（台灣政府）授權海協會和海基會，於 1992 年經由香港會談及其後函電往來所達成的，是圍繞「一個中國」的非正式共識。在中華人民共和國政府看來，九二共識的定義為「中華人民共和國為中國唯一合法代表，台灣是中國不可分割的領土」，並認為九二共識是兩岸開展所有往來的政治基礎。而中華民國內部對九二共識則有很大的爭議，島內至今從未達成過共識，或未有統一立場。國民黨、新黨、親民黨等親北京的政黨對九二共識的定義是「一中各表」，即中華人民共和國和中華民國各自主

張自己是代表中國的。但對於這一種來自台灣親北京政黨的定義和主
張，北京方面也是從來沒有接受，可見對於九二共識，中國共產黨和
中國國民黨之間也從未達成過共識，或從未有統一認識和立場。更何
況民進黨始終不承認以「一中各表」為基本定義的九二共識，更不要
說北京方面的定義和主張。由此可見，兩岸之間圍繞九二共識從來，
或基本沒有出現過共識，它能否如北京所主張的成為兩岸關係中的政
治基礎，仍存在很大的難度和不確定性。

11. **《國防授權法》/ 頁 148**

是明確美國國防部的年度預算和支出的法律，於 1961 年第一次成立。
2019 年 12 月，特朗普總統簽署了該法，內容包括進一步警惕和牽制中
國軍事擴張的內容，也是第一次就北京政府對台灣選舉的干涉行為表
示了關切。此次簽署被普遍理解為美國政府打算進一步加強與台灣當
局的軍事、安全合作，用以牽制和制衡中國的軍事發展和戰略。

附錄

回憶費正清

1967 年，當我成為東亞研究中心的副主任時，John（由於我從未成為他的學生，因此我可以勇敢的直呼其名）向我解釋了哈佛東亞研究中心的基本規則：辦公室內（費正清、Ginny Briggs 及傅高義）的溝通以備忘錄為主要形式。主任和副主任們與外部的全部通信需要向內部提供副本，以確保彼此知曉溝通內容。

我在東亞研究中心已經工作多年，當然不會存有錯誤的幻覺認為中心是靠共識來運轉的。我也理解書面文字在中國文化中的力量，而費正清也熟稔於書寫優美簡約的短文。對他而言，短篇幅的備忘錄避免了冗長空洞和無意義的閒談。

但更重要的是，備忘錄和紀要可以作為記錄留存。當然。由於在參議員 Joseph McCarthy 的全盛時代，費正清的國家忠誠度曾經受到不公正的質疑，John 對於留下文字記錄以應對日後任何可能的質疑的必要性也是十分清楚的。隨着日復一日的閱讀費正清的對外通信，我清晰的意識到他的書信反映了一種超越日常事務的觀點和思考。作為一個在事業初期閱讀了大量官方記錄的歷史學家，費正清似乎在寫每封信的時候都在考慮，未來其他的歷史學家在閱讀他的這些書信時，將如何評價他的工作。他的通信通常都帶有對這個時代的諷刺，並伴有對中國歷史的頻繁類比。他的通信有一種壯麗恢弘的筆觸，對於任何一位不曾深入研究過一個社會而且以世紀為思考單元的史學家來說，都是難以達到的境界。

哈佛東亞研究中心，如同中國古代王朝一樣，有各個等級，而且成為受人尊敬的學者需要成績來證明，例如文字工作的品質。富有才華的學生們可以申請加入研究生專案，這些學生需要通過學期論文的測試。那些沒能寫出費正清認為是優秀的論文的研究生們，

將不能被博士生項目錄取，有時很讓一些學生沮喪。不過成功的學生們將會獲得費正清悉心的指導：如何選題、利用資源、閱讀資料，以及最重要的如何寫出一篇能夠最終出書的好論文。每個成功的博士生候選人，都會選擇一個重要但還未被充分研究的問題，當論文完成時，候選人將進入下一個階段，在為期一年的獎學金專案中通過旅行、補充額外材料、繼續修訂文章等將論文擴展成一本優秀的書。當然這本書將以哈佛東亞研究系列的名義出版。

我毫不懷疑一旦研究項目全面展開，費正清認為哈佛將成為東亞研究領域的中心王國。然而儘管大家尊重哈佛的努力，在大眾民主盛行的那個時代，費正清被視為一個精英分子，特別是在越南戰爭和中國文化大革命之後，大眾攻擊「權威人物」的情緒漸長，費正清正是一個被攻擊的合適的目標。

哈佛東亞研究中心的「世界秩序」建立在與世界各地知名學術機構交流東亞研究。作為東亞研究中心的主任，費正清掌握着一份各個主要國家知名學者的名單，他出國時會跟這些機構保持聯繫，這項任務在他時代的後期已經擴展到了他的控制範圍以外。

費正清也用他獨有的外交風格，接待了來自世界各地的訪客。討論通常都集中在中國研究的幾個關鍵問題。他鼓勵智慧火花的碰撞，但限制閒聊。訪客們可以查閱他辦公室中陳列的東亞研究出版文集，也被邀請參加每週茶會。有時他會用中文跟中國訪客打招呼，但從未嘗試用中文和他們交談。我想他放棄跟大家用中文對話，應該是希望他的身份能夠完美地跟對方表達。他慣於使用優雅的英文，而不是降低標準使用中文。他在哈佛以及在東亞研究的地位如此之高，讓有些界限變得模糊，但他對於國家身份的界限從未跨越。費正清對於中國的高雅文化非常崇敬，但他的風格相比清華更加牛津，他對於中國來說是一個實實在在的外國人，他的智慧更像是來自他的觀察。

費正清把訪客分為兩類，一類是普通訪客，他通常會禮貌和親切的接待他們；第二類是在他看來有潛力，能做出好研究的認真年

輕學者。費正清一直在留意有才華的學者，儘管他們當中有人未在哈佛求學。當然，他最希望的是這些學者可以在哈佛求學一年，寫一本書，並在之後的哈佛系列書中出版。有時儘管這些研究成果不會成為哈佛系列的一部分，費正清也會培養這些年輕學者，鼓勵他們為東亞研究貢獻一塊重要的奠基石。如有可以的話，這些年輕學者的導師會被邀請到哈佛訪問，但費正清還是希望這些導師能允許年輕的學者們可以來進行一年的實習工作。

1973 年我從費正清手中接任東亞研究中心主任的時候，我的工作並不輕鬆。這個學術領域在越南戰爭後明顯分裂，處於混亂之中，15 年來對於建立中國研究的堅實支持也已經逐漸減少。我將如何去維護這個中心的運作呢？另外，我發現自己反覆思慮的是，在開朝君主仍然健在且活躍的情況下，中國王朝的的第二繼任感受又是如何。在現代官僚主義和退休制度的推動下，費正清放棄了自己的職位，但難以放棄的是他仍是這個王國的發言人和決策人的既有印象。

但在事實上，費正清所創立的東亞研究王朝並不存在第二任君主。費正清與 Edwin Reischauer 在中日問題上有合作；同時他與 Benjamin Schwartz 也有其他合作。但在哈佛的中國研究領域上，費正清是偉大的先行者和奠基人。他的繼任者不是一個人，而是一批學者。我們現在這批學者基本上年齡相約，帶着不同的學生研究不同的領域。我能夠看到我們多元化的共同管理、以共識為基礎的決策以及廣闊的研究領域有好多好處。但是，如果沒有費正清作為堅定不移的先驅，披荊斬棘的建立了東亞研究所的王朝，我們不會擁有今天美好的環境。

傅高義

後記

　　說實話，要面對傅高義確實讓人緊張，即使他是一個如此謙和，善良，而且一點架子都沒有的人。給他發郵件，跟他約時間，到他位於哈佛大學旁邊的家訪問，和他討論和交流，我都會緊張，全身發抖，滿身大汗。是因為他是一名很有知名度和影響力的白人大學者，還是因為我這個來自東亞小島的黃種人在「西方人」面前只能低頭和過於自卑？

　　我不清楚，但至少肯定，這是我的問題。而且，我大概也深信，我的感受和處境似乎也是「我們」東方人遲早要認真思考和努力解決的集體問題。我一直在思考，坐在我面前的美國東亞問題專家傅高義用他的言行向我們東亞人試圖傳達和教導的是什麼，我們應該從中吸取什麼樣的歷史教訓和知識。

　　傅高義是我的恩師。我沒有在他面前這樣形容過他，怕有些冒犯，也不好意思。但他應該也不會反對吧。曾於拙著《我所發現的美國》表述過，我 2012 年夏天前往美國波士頓，開始於哈佛大學遊學，哈佛的所在地是一個名為劍橋的地方，我在那裏待了兩年，後來搬到華盛頓在約翰霍普金斯大學繼續遊學一年。這些遊學所需要的一切聯繫和推薦工作是由傅高義老師來安排和完成的。可以說，沒有他，我就沒有赴美的機會，更不可能到哈佛。而這本小書也不可能面世的。

　　從 2012 年 8 月底至 2014 年 7 月，我在哈佛期間經常跟傅高義老師見面交流，誇張一點地說，我們一同共渡時光。只要他不出差，我們大概每兩周都會見面，每次我來訪問他位於哈佛大學旁邊的家，短則聊天半小時，長的話也能討論一個半小時。雙方都是透過電子郵件聯絡，我沒有打過他家裏的電話，我也不知道他的電話號碼，也不知道他有沒有行動電話。我們從來沒有約錯時間，只要

約定時間，我一定提前十分鐘到他家裏，在周圍徘徊一會兒，緊張中整理思維，搞好狀態，差不多到約好的時間時按他家門鈴。他從來在家等我，沒有忘記或錯過約會，每次帶著謙和、善良的笑容迎接我，然後說"Hi Kato-san, come in!"（加藤先生好，進來吧！）

我剛到哈佛不久，日本和中國之間發生了所謂「國有化事件」，作為日本的盟國和中國的「戰略競爭對手」，美國必然捲進去，當時傅高義老師在內的東亞問題官員和專家也相當關注和擔憂事態的變化。我們集中討論了日本和中國如何克服溝通障礙等問題，使得日中關係重回健康的軌道。

就中國問題而言，2012 年下半年也是「政治的季節」，畢竟中央召開十八大。那段時間，我們主要討論中國政治，從人事到政策，從內政到外交，從國事到瑣事。隨後，我們之間討論最多的還是這兩個話題，現在回顧起，日中關係和中國政治可以說是傅高義老師和我之間最為共同關心的話題吧。當然，我們也討論了其他方面，例如台灣、朝核、日美、南海、東海和美國等問題，以及來自中國、日本的留學生問題和日中兩國未來發展的問題等。我們之間從來沒有日式的寒暄，也沒有中式的客氣，大家直接切入話題，暢所欲言。

不過，傅高義老師跟我所認識的其他大多數美國白人學者不同。我在哈佛和華盛頓期間有機會跟大學、智庫的學者們建立聯繫，進行交流。其中大多數的學者顯得相當，甚至過於務實和冷漠，一開始認識和見面，他們對我這個在中國求學和生活過十年的日本人很感興趣，向我了解有關中國方面的資訊，但後來我發郵件問候他們，也沒有回音了。可能我對他們已經沒什麼價值了吧。

傅高義老師則不同。他始終很關心也很照顧我，只要我需要他的建議，他都像我親爺爺一樣聆聽我的想法，跟我坐在一起尋找解決的辦法。其實不僅對我，據我所知，他一直用關心日本和中國的留學生，我在本書裏所介紹的「傅高義私塾」無疑也是其中一個平台。作為一個美國人，他一直以來在哈佛大學致力於培養日本和中

國的未來人才，不是單方向的教導和灌輸，而是雙向的交流。「我們」應該感謝他，感謝美國有這樣值得尊敬的長輩。

2017 年 12 月，我有機會回訪哈佛，就提前一個多月約好時間跟傅高義老師重聚，下午聊了三個小時。離開時，我向他提出了醞釀很久的請求，說想和他進行一個長的訪問，做一本口述史。今年，他九十歲了，作為他的晚輩和學生，我希望自己能夠記錄他的工作、他的信念和說話，並將它們有系統、生動的留下來。

謙虛的傅高義老師，欣然同意了，那天我們基本是用日語交流。我至今還記得他答應我時說的兩句話：「如果是跟加藤先生一起訪問，我是願意的，您不用說是什麼採訪，我們就當是對談吧。」那一刻，我感動得差點當場落淚，過一陣，離開他家，一個人在外面走路時稍微冷靜下來想，希望自己也成為像他那樣的老人。

2018 年 8 月底，前往香港工作的前夕，我回到哈佛大學，在傅高義老師的家住了三夜（這也是他主動提出來的），跟他進行了四天的對談。談的內容實際上就是我們以往討論的延續：中國政治、日中關係、中美關係、亞太形勢、哈佛歷史、中國研究、重要人物……不過，這次他跟我分享了很多我未聽過故事，包括他的家庭，和研究心得等。

我一邊問答、討論，一邊在擔心：「這本書能在中國出版嗎？」「忙碌的傅高義老師為這本書付出了這麼多時間和精力，若最終出版不了，我怎樣面對他啊？」這些的擔憂，相信讀者朋友們是懂的。不過，現在回顧起晚夏在傅高義老師家裏度過的四天，我是快樂、充實和感動的。能夠跟一位值得尊敬的恩師，大家用中文深度交流，我已經心滿意足了。因為，我在這次對談中獲得了太多的愉悅和營養。感謝傅高義老師對我一如既往的關懷和幫助。我是無法用語言表達我對您的謝意和敬意，我接下來還是用行動來報答您吧。

作為這本小書的作者之一，我由衷希望讀者，尤其是打算參與美國或東亞事務，還有國際關係或中國問題等的年輕朋友們能夠從閱讀中有所感悟，尤其是學習獨立思考。我一直認為，獨立思考對

一個人的成長來說是最重要的，不單是個人，更是一個社會，能夠獨立思考應該是作為我們成長過程中的其中一個生活方式和崇高使命。我們要有獨立思考，社會才有希望和未來，這也是我經常對平時有機會交流的年輕人分享的想法。

加藤嘉一

2019 年 2 月 26 日初稿

2020 年 5 月 26 日修改

寫於香港大學本部大樓

補記

　　傅高義老師在對談中談及自己正在準備寫作《胡耀邦傳記》，並估計「着手研究和寫作後，大概需要四年時間完稿。如果我還活着，身體沒問題，我會努力寫下去。」

　　對談在 2018 年 8 月底進行。那時，他已經基本完成在書中多次提及的那本關於日中關係 1500 年交流史的書，並已進入最後階段，等待出版。

　　的確，他說到做到。

　　在我印象中，這是傅高義老師一貫的作風。對談結束不久，他便一邊推動日中關係史那本書在美國、日本、香港同時出版，一邊着手研究胡耀邦。如果順利，據我推測，他目標於 2022 年秋天至 2023 年春天那段時間出版《胡耀邦傳記》。傅高義老師出版的每一本書，就如他在對談時介紹的那樣，均有自身的「戰略意圖」。他渴望自己的作品和工作能推動中國的政治發展。

　　除了研究和編寫這本書之外，他在 2020 年下半年，特別忙於修正美中關係，使得這大國關係「正常化」。他對特朗普的評價是「美國歷史上最差勁的總統」，並擔心在他任期之內日益惡化的美中關係的走向和未來。我記得在 2019 年 11 月，我們一起到東京出差時，他很自信地用日語對我說：「我堅信，明年特朗普連任的可能性不到 5%。」當時，我本人根本沒有排除特朗普連任的可能性，並預測至少有一半左右的機率。起初，我以為是自己聽錯了，或是他用錯了日文字詞。於是，我重新問了老師所說的百分比是多少。他再次很明確和斷定地說：「是不到 5%，不是 50%！」

　　本着這一預測和信念，他開始準備在美國下一任總統當選後，就如何改善和管理對華關係，向新總統和新的領導班子建言獻策，就如他於 1968 年尼克森當選美國下一任總統後，聯同在哈佛大學研

究中國問題的同事，包括費正清，向白宮相關人士寫信，包括向基辛格提出美國為什麼基於國家利益，應趁機和中華人民共和國建立外交關係，詳細內容見於對談中介紹的「秘密文件」部分。

我最後一次見到傅高義老師是在 2020 年 7 月 11 日，即是他過 90 歲生日當天。我通過視頻看到的他，身體一點問題都沒有，還是老樣子，帶着令人感到溫馨的笑容。那一刻，看着充滿活力和激情的他，我還期待他在不久的將來，親口和我分享他最後向下一任美國總統説了什麼，並等待着《胡耀邦傳記》的出版，期望通過這兩件事，在根本意義上推動美中關係健康穩定的發展。在我看來，兩者缺一不可。

見證拜登當選美國下一任總統後，2020 年 12 月 20 日，傅高義逝世，享年九十歲。

加藤嘉一

2021 年 2 月 20 日

寫於日本伊豆

參考文獻

英語

Ezra F. Vogel, *Deng Xiaoping and the Transformation of China*, Harvard University Press, 2011

Ezra F. Vogel, *China and Japan: Facing History*, Harvard University Press, 2019

Jennifer Rudolph and Michael Szonyi, *The China Questions: Critical Insights into a Rising Power*, Harvard University Press, 2018

Norman W. Bell and Ezra F. Vogel, *A Modern Introduction to The Family*, The Free Press, New York, 1960

John King Fairbank, *The United States and China (Third Edition)*, Harvard University Press, 1971

Henry Kissinger, *On China*, Penguin Books, 2012

Joseph S. Nye Jr., *Is American Century Over?* Polity, 2015

Joseph Fewsmith, *The Logic and Limits of Political Reform in China*, Cambridge University Press, 2013

Cheng Li, *Chinese Politics in the Xi Jinping Era*, Brookings Institution Press, 2016

Francis Fukuyama, *The Origins of Political Order: From Prehuman Times to the French Revolution*, Profile Books Ltd, 2012

Francis Fukuyama, *Political Order and Political Decay: From the Industrial Revolution to the Globalization of Democracy*, Profile Books Ltd, 2015

Elizabeth C. Economy, The Third Revolution: Xi Jinping and the New Chinese State, Oxford University Press, 2018

Edited by William A. Joseph, *Politics in China: An Introduction*, Oxford University Press, 2010

Edited by Andrew J. Nathan, Larry Diamond, and Marc F. Plattner, *Will China Democratize?* Johns Hopkins University Press, 2013

Ezra F. Vogel, "Deng's China", *The New York Times*, November 7, 2012

Joseph Nye Jr., "Work with China, Don't Contain It", *The New York Times*, January 25, 2013.

John J. Mearsheimer, "Say Goodbye to Taiwan", *The National Interest*, February 25, 2014

Cui Tiankai, "Remarks by Ambassador Cui Tiankai at the 8th US-China Civil Dialogue", *Embassy of the People's Republic of China in the United States of America*, July 26, 2018

Yoshikazu Kato, "A Conversation with Professor Ezra Vogel", *Asia Global Institute*, August 29, 2019

漢語

傅高義著：《日本第一：對美國的啟示》、上海譯文出版社、2016 年

傅高義著：《日本新中產階級》、上海譯文出版社，2017 年

費正清著：《論中國：中國新史》、正中書局、1994 年

羅伯特・庫恩：《他改變了中國：江澤民傳》、上海譯文出版社、2005 年

《習仲勳傳》編委會著：《習仲勳傳》、中央文獻出版社、2013 年

費孝通著：《鄉土中國》、三聯書店出版、1948 年

費孝通著：《美國人的性格》、生活書店、1947 年

劉明福、加藤嘉一著：《日本夢：沉默，但遲早要選擇》、東方出版社、2016 年

日本語

エズラ・ヴォーゲル著：《ジャパン・アズ・ナンバーワン》、阪急コミュニケーションズ、1979 年

エズラ・ヴォーゲル著：《ジャパン・アズ・ナンバーワン―それからどうなった》、たちばな出版、2000 年

エズラ・ヴォーゲル、橋爪大三郎著：《ヴォーゲル、日本とアジアを語る》、平凡社新書、2001 年

エズラ・ヴォーゲル、城山三郎著：《日米互いに何を学ぶか》、講談社文庫、2001 年

エズラ・ヴォーゲル、橋爪大三郎著 ：《鄧小平》、講談社現代新書、2015 年

エズラ・ヴォーゲル著：《中国の実験： 改革下の広東》、日本経済新聞出版、1991 年

安倍晋三著：《美しい国へ》、文春新書、2006 年

峯村健司著：《宿命：習近平闘争秘史》、文春文庫、2018 年